宇宙から突然、最高のパートナーが放り込まれる法則

Amy Okudaira
奥平亜美衣

Subarusya

はじめに　「最高のパートナー」に必ず出会えます

みなさんは、「本当に望んでいるものはすべて手に入れて、誰でも幸せになれる」と聞いて、信じられますか？

信じられない人も多いかもしれませんが、本当にそうなのです。

私は二年前まで本当に普通の会社員でした。会社で事務の仕事をして、毎日満員電車に揺られ、「会社辞めたいなぁ」と思いつつも、経済的な不安から辞める勇気がない。そんな日々を送っていました。

そんな私が「引き寄せの法則」を理解し、それを実生活に活かしていくことを実践し始めてたったの一年半で、夢だった作家になれたのです。しかも、最初の本を出してから、途切れなく出版のオファーをいただき、今まで出した9冊の本（監修含む）

は合計で21万部を超えるベストセラーになっています（2015年9月現在）。

今では、念願だったバリ島への移住も果たし（この原稿もバリで書いています）、望むものすべてを手に入れていると言っても過言ではないような状況になりました。

仕事、パートナーとの関係、その他の人間関係、豊かさ、自由に時間を使えることなどすべて、自分が求める以上のものが、向こうからやってきたのです。


特別なことをしたわけではなく、特別頑張ったわけでもなく、ただ、ものごとの良い面を見ながら、流れに任せていただけ。そして、自分の心と情熱にしたがってやりたいことをやっていたら、こうなっていました。


会社員だった当時、子育てもしていたため、精神的にも肉体的にもかなり限界な状態でした。そんな現状を少しでも改善したいと思っていましたが、どうしたらいいかわからず、「人生ってこんなもんかな」と思い毎日を過ごしていました。

そのときに出会ったのが、『サラとソロモン』（ナチュラルスピリット）という本でした。『サラとソロモン』は主人公のサラがふくろうのソロモンに出会い、「引き寄せの法則」を学んでいく、というものです。

その中でピンとくるものがありました。

「宇宙には、《幸せの流れ》しかない」

「いい気分でいることほど大切なものはない」

これを読んで、「私の探していたものはこれだ！」と確信したのです。

楽しい毎日とは言えないような生活を送っていた私は、「これなら、私の望んでいたものが本当に手に入るかもしれない」という思いで、「引き寄せの法則」を実践しようと決心したのでした。


私が実践したのは「現状のいいところを見つけ、そこに幸せを感じる」こと。

引き寄せの法則に出会うまでは、自分の周りの出来事に対して、不満だらけだったのですが、不満を感じていることでも、少しずついいほうに考えるようにシフトしていったのです。

たとえば、「満員電車は嫌だ」と思ってましたが、「通勤中に本を読むことができて嬉しい」「電車の中から富士山が見えて美しいな」と、積極的にいい部分を見つけるようにしていきました。

苦手だと思っていた職場の人のことも、「嫌な人だけど仕事を処理する能力は高いな」など、嫌な部分ではなく、良い面を見るようにしました。

このように、少しずつですが、毎日見つけた「ちょっとしたいいこと」をリストアップするようにしていました。

引き寄せを始めた当初は、果たしてそれでどんな変化が起きるのか、半信半疑でした。しかしそうして、自分の波動が高くなり始めると、考えてもみなかった望みが叶い始めたのです。

まず、「いいこと」をリストアップし始めてからたったの二週間で、なんと会社の年間休日が増えました。会社の制度が変わるなんていうことは、これまで一度も起きなかったので、まさかという思いでした。

それから、行きたかった海外出張に毎月行けたり、苦手だった人とあまり仕事で関わらなくてよくなったり、いいことが立て続けに起こるようになったのです。

そして、引き寄せの法則を知り実践し始めて一年半が経ったとき、ついには会社という枠を飛び出すことができました。

本当の望みであった「書く仕事をしたい」という夢を思い出し、出版社のコネが一切なかったにもかかわらず、作家になることができたのです。


こういう話をすると、私のことを特殊な人だと思う人もいるかもしれませんが、自分が「普通だ」という思いは今も昔もまったく変わっていません。

つまり、**誰でも、自分次第で本当に望んでいる人生を手に入れることができる**ということです。

この本を手にとってくださったみなさんはきっと、「最高のパートナーに出会いたい」と心から願っている方でしょう。

私の周りにも「結婚したいけど、いい相手がいない」「今のパートナーとの関係がうまくいっていない」と、恋愛や結婚に悩む女性は多くいます。

今回本書を執筆するにいたったのも、ひとりでも多くの女性に「本当の幸せ」を理解し、「最高に幸せな人生」を送ってほしい、そんな思いからでした。

本来楽しめるはずの恋愛で悩み、苦しんでいる方も、この本を読むことで、「他人や状況」に左右されない、本当の幸せを見つけることができるようになるでしょう。

そして、最高のパートナーと出会い、必ず幸せになれます。

そのためには、「引き寄せの法則」を知り、そして本書の内容を日常生活の中で実践していただく必要があります。

最初のうちは実践するのが難しいと思うかもしれません。

しかし、続けていけば、**自分の幸せは自分が決めている**、ということをはっきりと実感し、幸せを引き寄せることができるはずです。

引き寄せの法則を理解し、思考の選択の仕方を実践すれば、「本当の幸せ」を手に入れることができます。それは相手基準ではない、絶対的な自分、どんなことが起こっても大丈夫な自分です。

そんなあなたになったとき、あなたの願いはすべて叶っているでしょう。

あなたが最高のパートナーと出会い、喜びの人生を送っていけることを心から信じています。

奥平亜美衣

第1章

「引き寄せの法則」であなたは必ず幸せになる！

第2章

自然に最高の出会いが訪れる法則

第3章

「その人」と本物の愛を育てる法則

第4章

嫉妬、不安…ネガティブな感情が消える法則

第5章

ずっといい関係を続ける法則

装丁 斉藤よしのぶ
イラスト 林ユミ

第1章

「引き寄せの法則」で
あなたは必ず幸せになる!

1 願いが次々に叶ってしまう「引き寄せ」とは？

運命の人に出会いたい！

これから、本書を通じて、幸せな恋愛の引き寄せ方についてお話ししていきますが、その前に、お伝えしておきたいことがあります。

恋するって何でしょう？
愛するって何でしょう？

多くの人は、相手から何かをしてもらったり、相手から愛情をもらってはじめて、愛を感じるかもしれません。

もちろん、あなたの愛する人と、同じ時間を共有したり、いっしょにいろいろな経験をすることは、とても素敵なことですね。


でも、あなたの目の前に愛する人がいなかったとしても、それは、愛がない、ということではまったくありません。

なぜなら、あなたが誰かに対して愛を感じている状態、それそのものが「愛がある」という状態だから。

「愛する」という動詞の主語は「あなた」で、それは、あなたがすることなのだから。


愛は最初からあなたの中にあるのです。

本当は、外に愛を探さなくても、あなたそのものが愛なのです。

そして、あなたが、「私の中に愛がある。自分が愛である」ということに気づき、その愛を感じたら、あなたは愛を引き寄せ続けます。

つねに、自分の感じていることをあなたは引き寄せるのです。

本書を手に取ってくださった方の多くは、

・自分にぴったりのパートナーに出会いたい
・今のパートナーが自分にとって最高のパートナーか知りたい
・いつも恋愛がうまくいかないので、なんとか恋愛上手になりたい
・パートナーとの関係を良くしたい

などの恋愛に関する望みを今、持っていると思います。

同時に、恋愛以外についても、人間関係や金銭的なことなどの悩みもあるかもしれません。

私は本書を通して、あなたの悩みの先にある、「本当の望み」が叶うよう、全力でサポートできればと思っています。

この本では、「引き寄せの法則」の考え方をベースに、読者の方にとって最高のパートナーを得るための考え方や方法、そして、パートナーと幸せな毎日を送る方法をお

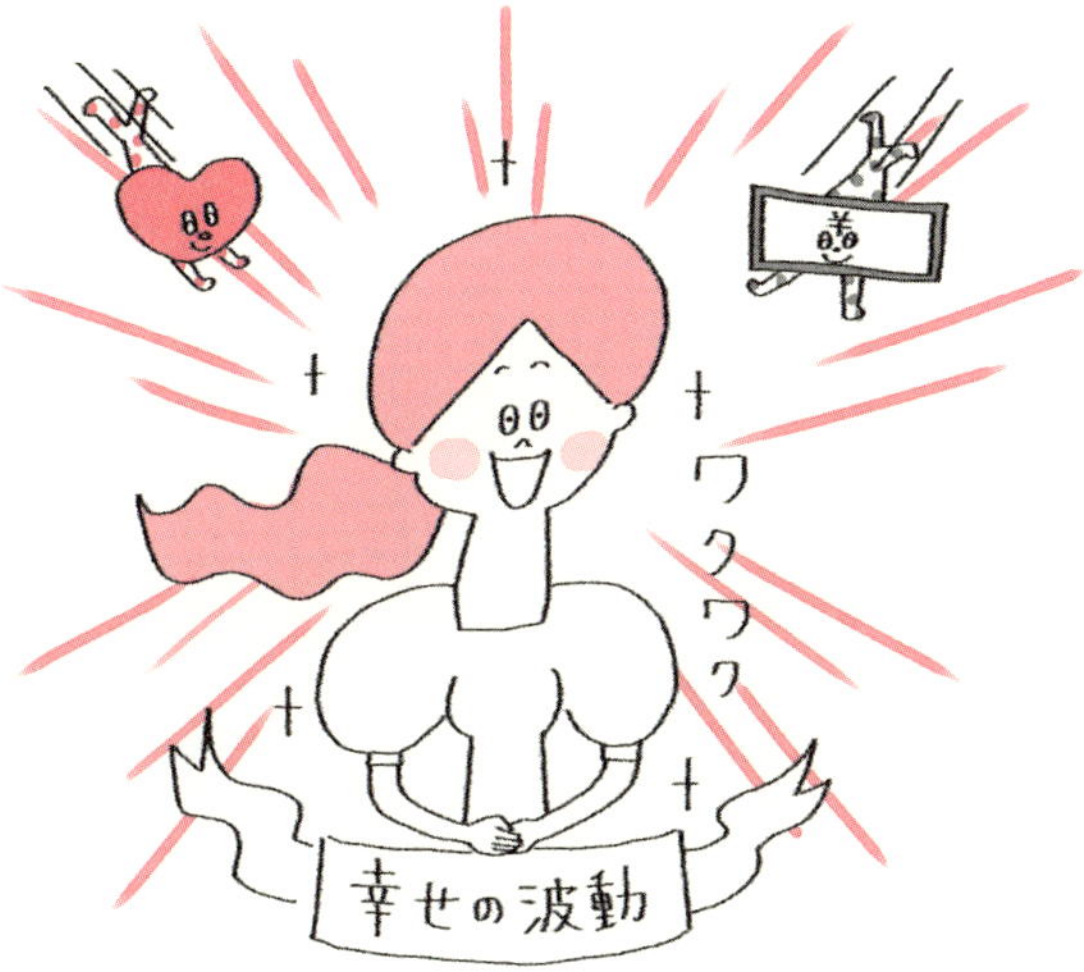
ワクワク
幸せの波動

どうせ…
不幸の波動

伝えしていきます。

自分自身の「波動」が引き寄せる

みなさんの中には「引き寄せの法則」という言葉を聞いたことがある方もいるかもしれませんね。

「引き寄せの法則」とはいったいどういうものでしょうか？

「願いを叶える法則」であったり、「イメージしたものが目の前に現れる法則」だと思っている方もいるかもしれません。

しかし実は、「引き寄せの法則」とは「必ずあなたの願望が叶う法則」でも「イメージしたらそれが現実化する法則」でもありません。

そうではなく、**「自分と同じ波動のものが自分に引き寄せられてくる法則」**なのです。

波動というのは、「あなたが出している雰囲気」と言い換えることもできるでしょう。

心の状態によって、自分の出している雰囲気が変化するのはわかると思います。

また、自分以外の人についても、落ち込んでいるのか、喜んでいるのか、たいていの場合は、話をしなくても見たらわかりますね。

あなたの心の状態によって、あなたから出ている目に見えないもの、それが波動であり、あなたが出している波動と同じ波動のものを自分に引き寄せるのです。

つまり、**今自分が幸せの波動を出していたら幸せを引き寄せ、不幸の波動を出していたら不幸を引き寄せます。**自分の出したものが、そのまま自分に返ってくるのです。

これはある意味当たり前のことで、「幸せだ」と感じながら同時に不幸な人はいませんね。あなた自身が幸せを感じて、その波動を出しているのなら、それが幸せを引き寄せているという状態です。

発信元は、つねにあなたです。

そして、同じ波動のもの同士は引き合います。類は友を呼ぶ、笑う門には福来る、とはよく言ったもので、幸せは幸せを、楽しさは楽しさを、喜びは喜びを連れてきてくれますし、逆に、怒りは怒りを、悲しみは悲しみを連れてきてしまうのです。

あなたがワクワクすることをして楽しくしていれば、楽しい波動が出るので、楽しいものが引き寄せられてきますし、あなたが不幸だ、と落ち込んでいれば、落ち込みたくなるようなことがさらに引き寄せられてきます。

あなたが出している波動に現実は正確に反応します。

今、目に見えている範囲の現実は、「あなたの思考や信じていること」と、そこから発せられる「あなたの波動」で引き寄せられたものなのです。

宇宙に流れる愛が注ぎ込んでくる

あなたの目に見える範囲の現実は、あなたの信じていることと波動で引き寄せていますが、もっと大きな視点でみると、**地球もふくめ、宇宙全体には愛と幸せの流れしかありません。**

自分が今どんな状態でも、自分の中に今まで一度も愛を感じたことのない人なんていないでしょう。愛も幸せも、本当はあなたの一番近くにあります。

今、それが感じられない、という人も多いかもしれませんが、それは、思考と気分を、自分で良い状態に保っていないため、その幸せの流れをキャッチできない、というだけのことなのです。

「私はこのままずっと一生ひとりなんだ……」「私が彼に愛されるはずはない……」

というような不安が浮かんでくることがあるかもしれません。

しかしこれは、事実ではなくて、あなたの頭の中だけで起こっていることです。

これから起こることなんて、誰にもわからないのですから。

あなたが本書の内容にしたがって、自分の考え方、現実を見る視点、そして自分の波動を選択していけば、必ず愛と幸せの流れを感じることができるでしょう。

自分の頭の中でつくり上げている「不幸だ」という幻想を取り除き、幸せの波動を発するだけで、宇宙にある幸せの流れを確実にキャッチすることができます。

そして、あなたは本当に望む現実を手に入れるのです。

法則1

「不幸だと思うクセ」を捨てたとき、一気に幸せが流れ込む

2

あなたの内側をどれだけ「幸せ」で満たせるか

いつも「いい気分」でいれば宇宙につながる

頭の上に、見えないザルがあるとイメージしてみてください。

あなたと宇宙との間には、見えないザルのようなものがあり、そのザルが宇宙の愛と幸せと豊かさのエネルギーがあなたに流れ込むかどうかの調整弁になっていると想像してみましょう。

ザルの上側は、つねに愛と豊かさのエネルギーで満たされていますが、下側をどのように満たすかはあなたの自由です。

このザルの目は、あなたの心の状態によって開いたり閉じたりします。

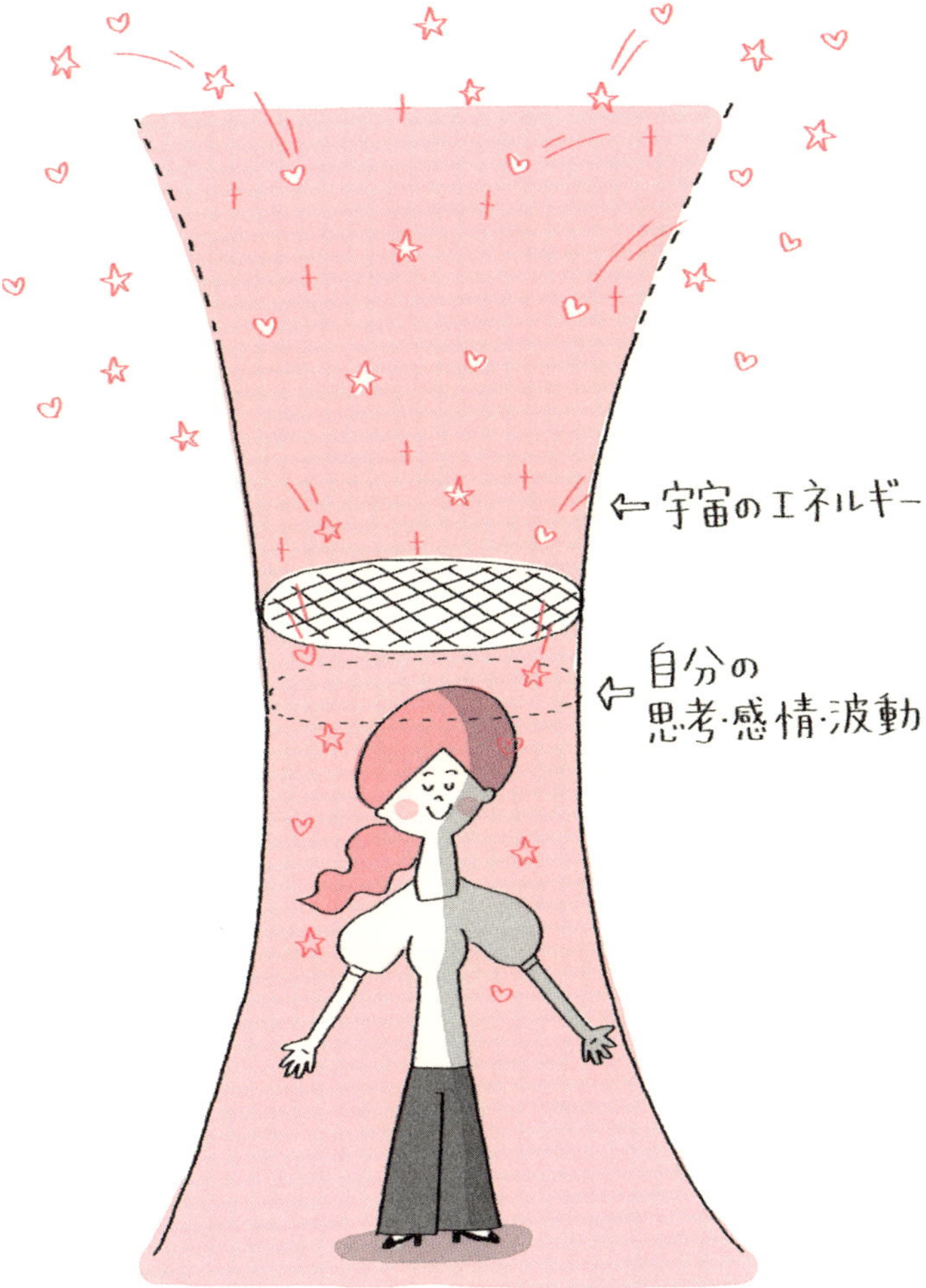
宇宙のエネルギー
自分の
思考・感情・波動

ザルとあなたの間には、あなたの思考があり、思考から生まれる感情や波動がありますが、この部分と宇宙のエネルギーの質が近ければ近いほど、ザルの上と下が同調しようとし、宇宙のエネルギーが流れやすくなります。

すると、あなたの現実に幸せ・豊かさ・喜び・愛・平穏が流れ込んでくるのです。

これが、ザルの目が「開いている」状態です。

あなた自身が、毎日の生活の中で、自分の意識をできるだけ好きなものや、愛、喜び、豊かさ、幸せを感じるものに向け、いい気分の状態、つまり自分の波動を高い状態にすればするほど、ザルの目が開いてきます。

宇宙のエネルギーを享受することができ、本当に現実が輝いてくるのです。

外側の世界は内面の反映

願いがあって、それが叶えば幸せになれる、そう思う人は多いかもしれません。

しかし、もし願いが叶って好きな人と付き合えたとしても、付き合い始めの頃はすごく優しかったのに、今は不満だらけ……の状態になることはよくあります。

実は、願いが叶うこと＝幸せではないのです。

たとえば今、あなたの一番好きな食べものを思い浮かべてみてください。実際に食べてみるのもいいでしょう。そのとき幸せを感じますね。

幸せ、というのは、そのように、「今」ここにあるものに感じるものなのです。

「未来」に幸せはありません。今の状態が現実を引き寄せますので、未来ばかり向いていたら、幸せがキャッチできないのです。

付き合っていても、結婚していたとしても、あなたが、目の前の幸せを見過ごしていれば、だんだんとうまくいかなくなります。そうすると、最初純粋に好きだった気持ちから、怒りや苦しみ、恨みにどんどん変わっていってしまうのです。

パートナーの存在によって、幸せが増幅されることもあれば、憎悪が増幅されてしまうこともあります。これは、「願いが叶うこと」や「パートナーそのもの」が「幸せ」ではないという、何よりの証拠だと思います。

パートナーと人生を共有するのは素晴らしいことです。しかし、**自分の外側や未来に「幸せ」があると錯覚している限りは、あなたが本当に幸せに満たされることはあ**

りません。

幸せは、つねに「今」そして、「あなたの中」にあります。

あなたが、パートナーとの関係の中で自分から喜びを見つけるとき、幸せが内側からわき上がってくるでしょう。自分次第で、いつでも自由自在に自分の中から取り出し可能なものなのです。

外側の幸せ（のように見えるもの）をつかんでも、内側に幸せがなければそれはいつか消えます。しかし、自分の内側に幸せを見つけたとき、それは、内側のみならず外側の幸せも引き寄せていき、現実は精神的にも物質的にも満たされていきます。

外側の世界は、あなたの内側の反映です。あなたの内側に変化が起きれば、必ず外側も同じように変化していくのです。

法則2

「見えないザル」に気づけば世界は一変する

3 今、恋愛がうまくいっていなくても大丈夫

「パートナーはいないけど、毎日楽しい」

あなた自身が幸せの波動を発し、ザルの目が開いているという状態に自分を保ち、そしてそもそもある幸せの流れにつながりさえすれば、いつでも幸せを引き寄せていくことができます。

では、ザルの目をしっかり開き、幸せの流れにのっていくためには、どうすればいいでしょうか。

それはまず、「身近ないいこと探し、感謝探し」をすることから始まります。これだけでいい、と言ってもいいくらい大事なことです。

幸せを引き寄せるには、まず「自分が幸せになる」ことが基本です。

今ある幸せを自分から探し、それに気づいて、その幸せを感じていくのです。

たとえば恋愛において、もし、あなたの望みが全部は叶っていないとしても、

・パートナーはいないけど、仕事には熱意を感じていて幸せ
・パートナーはいないけど、ひとりの時間を自由に楽しめる
・好きな人と連絡をとれる関係なのは嬉しい
・パートナーとの関係はぎくしゃくしてしまっているけど、パートナーがいてくれるだけで嬉しいと思えることは何度もある

など、どんな小さなことでもいいので、今ある状況の良い面を自分から探して見つけるようにしてみましょう。

そして、それを見つけたら、その「楽しさ」「嬉しさ」「喜び」「幸せ」など、心がワクワクしたり、温まる状態をじっくりと感じてみましょう。

この「感じる」という感覚がとても大事です。あなたが幸せを感じてそれに浸ると

き、あなたは確実に幸せを引き寄せるのですから。

小さなハッピーを積み重ねる

あなたが幸せになるためには、たとえ現状に不満があったとしても、それを俯瞰してみたり、現状の中で「いいこと探し」をして、少しでも「いい気分」「良い波動」を選択することが重要です。

どんなことがあっても「今より少しだけいい気分」を選択し続けること。それが、自分の望む現実を引き寄せるための最大のポイントなのです。

恋愛をうまくいかせるために、「好きな人に気に入られるようにリサーチしたり」「自分の容姿に磨きをかけたり」「メールで駆け引きしてみたり」など、行動する必要があるのでは、と考えている方もいるかもしれませんが、実は、その必要はまったくありません。

これは大事なことなので最初に言っておきたいのですが、あなたが本当に望む幸せな恋愛を手に入れるために、**テクニックは必要ないのです。**

あなたの現実を変えていくのは、行動ではなくて、波動です。波動さえ整えれば、あなたは必要な行動をとれるようになっていきます。

「自分は今どんな波動を出しているのか」に意識を向けるようにしてください。

自分が幸せの波動を発していれば、本当に幸せを引き寄せます。

ただ、地道にコツコツと毎日の生活の中で幸せを感じることを積み上げてください。

「未来」というのは、「今」の積み重ねなのです。

「結果的に」願いが叶う

あなたは、あなたの信じていることと、波動によってあなたの現実をつくり上げています。他人の思考に入り込んだり、他人の波動をあなたが変わって出してあげることとは絶対にできません。

他人は絶対にコントロールできない存在なのです。

「引き寄せ」というと、他人や起こる出来事をコントロールして思い通りにできると思うかもしれませんが、**コントロールするのはあくまで自分**です。

自分の波動をコントロールしていった結果、あなたは望むものをなんでも引き寄せて、自分の想像以上、今自分の頭で考えられること以上の素晴らしい現実を引き寄せることができますので、安心して「自分の意識にだけ」集中してください。

他人や出来事をコントロールしたい。もしそう思うのだとしたら、その裏には「今の現実が望むものではない」というあなたの本心があります。

あなたが本心でそう思い続ける限り、その通りの現実を引き寄せてしまいます。

「他人や出来事はコントロールできないし、自分が望む現実を引き寄せるのに、コントロールする必要は一切ない」。そう自分に言い聞かせていきましょう。

「望む現実を引き寄せるために、外側で起こる出来事も他人の言動も何も変える必要がない」とわかったら気がラクになりませんか？

外側のことで、変えるべきことは何もありません。ただ、あなたの意識の向け方を少し変えていくだけでいいのです。

他人を変えたい、コントロールしたい、という思いを手放せば、逆に他人はあなたの思い通りになっていきます。そして、結果として、あなたは自分が本当に望む現実を手に入れるのです。

不満は不満な現実しか生まない

私たちは、ともすると、自分が幸せになるために、外の状況、周りの環境を良くしようと苦心してしまいます。

「恋人がいないのは寂しいから恋人がほしい」

「彼が○○してくれないから、○○するようにしてほしい」

「結婚しようと言ってくれない彼と結婚したい」

というような思いが出てくることもあるとは思いますが、このように、自分の外側の何かを無理矢理変えようとしても、他人や出来事は絶対にコントロールできないので、結局苦労するだけでまったくいいことがありません。

そして、これらの望みは、不足感や不満感がベースになっています。

ないものねだりから発した望みは、何もいいことをもたらしません。不足や不満の波動を発している限り、不足や不満のある現実を引き寄せるからです。
たとえば、「恋人がいない自分が嫌だし、そんな自分はダメなんじゃないかと思うから恋人がほしい」と思ったとして、その状態でたとえ恋人を得たとしても、その恋人は、あなたを大切にしてくれないなど、また不満な現実を引き寄せるでしょう。

何事も経験なので、ないものねだりをして、それを叶えようとすること悪いということではありません。

ですが、**望む人生を引き寄せたいのであれば、自分の頭の中をどうやったら幸せにできるのか、どうやったら楽しくいい気分になれるのか、そのことだけに集中しましょう。**それが望みを叶える最短距離なのです。

法則3

いいことを探すだけでいいことが起きる

4 「引き寄せ」が始まるシグナル

「どうせ…」な気分に気づいたらチャンス！

引き寄せを実践、つまり、自分の波動を高くすることを意識し始めて最初に起こるのが、「自分が嫌な気分になっているのに気づきやすくなる」ことです。

自分の気持ちがいい気分なのか、悪い気分なのかに敏感になってきます。

「結局、いくらがんばってもパートナーなんかできないんじゃないか。あ、また私悪いこと考えちゃってる……」など、今までハッキリと自覚していなかった、良くない感情、たとえば嫉妬、怒り、不安などに気づくようになるのです。

嫌な気分を意識しやすくなるぶん、「もしかして悪いことを引き寄せてしまっている⁉」と思うかもしれません。しかし、その心配はまったくないのです。

嫌な気分は、「方向転換して、いい気分になりなさい」という本当の自分からの合図。

本当の自分とはどんな存在なのか、自分が本当はどうしたいのか、何を望むのかを教えてくれる大切なセンサーなのです。

嫌なことがあったら嫌な気分になる。それはなぜなのかというと、誰でもそもそもすべては愛だということ、そして自分をふくめ誰もが素晴らしい存在だということを知っているからなのです。

嫌なことがあったら、当然、負の感情が起こります。それは当たり前なので、そこをどうにかしようとする必要はありません。

まずは、「今嫌なことを考えて、嫌な気分になってしまっているな」と気づくだけでいいんです。

イライラやモヤモヤに支配されているのに、それを自覚していない状態だと、悪い状況を引き寄せたまま。ですが、「イライラ、モヤモヤしてしまっている自分」を自覚したとたん、あなたは悪い状況から一歩離れて、ニュートラルな状態に戻っています。

もはや、悪いことを引き寄せていない状態です。

モヤモヤしている自分に気づいているのであれば、だいぶ引き寄せがうまくいき始めています。たいていの人は自分がモヤモヤしていることにすら気づかずに、他人や状況が悪いんだと外側を責め続けてしまうものです。

大事なことは、嫌な感情が起こったその後にどうするか。**悪い考えに浸り続けない**、それだけで「引き寄せ」がうまくいき始めていきます。

とはいっても、特に恋愛においては、やはり感情の動きが激しくなるもので、なかなか切り替えるのは難しいかもしれません。

「彼氏が全然自分を大事にしてくれない」

「彼に振られてお先真っ暗……」

「結婚しようと言ってくれる相手がいない。このまま一生ひとりなのかも……」

恋愛がうまくいっていないとき、このように思う気持ちはわかりますが、ずっとそう思い続けていると、波動が高い状態ではなくなってきてしまいます。

そういった感情を持つこと自体は普通ですが、問題はそのことを考え続けてしまうこと。大事なのは、嫌な感情が起こったその後にどうするかです。

無理やりいいほうに考えなくていい

嫌なことがあったからといって、そのあと、あなたが嫌な気分に浸り続けるか、気分を切り替えるかの選択はあなたにあります。

では、不安や嫉妬などの感情が沸き起こってしまったら、どのように対処すればよいでしょうか？　第４章でもくわしくみていきますが、最初にポイントを押さえておきたいと思います。

恋愛において、自分の望まない嫌な感情がわき上がってきたとき、あなたができる対処法は以下の通りです。

①　不安や嫉妬に飲み込まれるのではなく、ちょっと自分自身を外側から見る。「今、不安なんだな」「彼が好きだから嫉妬してしまうんだな」と一歩引いて自分を観察すること

② 彼のことや恋愛や結婚のことはいったん脇に置いておき、目の前の現実の中からいいことを探す

③ 彼がこれまで言ってくれたことやしてくれたことの中で、あなたが幸せな気持ちになることを思い出してみる

④ 嫌なことを考え続けていても自分にとって何もいいことはない、と言い聞かせて、他のことで自分を忙しくしたりして、できるだけ早く悪いことを頭から追い出す。そのことは考えない

これらを意識して実践していけば、あなたの波動はだんだんと高い状態になっていきます。そして、あなたの望む通りの現実を引き寄せる準備が整うのです。

法則4

自分の気持ちに敏感になると、いろいろなものが見えてくる

5 「世間の騒音」より「心の声」に耳をすませて

「そろそろ結婚しなくちゃ…」

今すでに、恋愛に関する望みはいろいろあるかもしれませんが、ここで、あなたの本当の望みであったり、本当に好きな人は誰なのかを改めて考えてみましょう。

恋人がいることがいいことだ、結婚は何歳までにするのがいい、恋人や結婚相手はこんな人でなくてはならないなど、世の中にはいろんな情報があふれていて、誰でも少なからずそれに影響を受けているものです。

そして、恋人とはこういうもの、結婚とはこういうもの、という概念ができ上がっているかもしれません。

でも、テレビや雑誌、さらに友人などの言動に踊らされないでください。

当たり前のことですが、自分自身がひとりひとりちがうように、その人に合う人はひとりひとりちがいます。恋愛も結婚も、これがいいと決まった形はなく、それぞれの形があります。

そして、どんな人がいい、こんな結婚がいいなんて、決まった基準があなたを幸せにしてくれることは絶対にないのです。

外に答えを探すのではなくて、あなたの感覚を信じてください。

頭で考えるのではなくて、心で感じることを大切にしていきましょう。

「本当の私」は何を望んでいる？

実は、「自分」には二種類あります。

先ほど、誰でも外部からの情報に影響を受けていると書きましたが、そういった外部のものに影響を受けている「自分」と、何の影響も受けていない「本当の自分」です。

「本当の自分」は、あなたの本当の望み、あなたに本当に必要な人間関係、あなた

の本当にやりたいこと、それをすべて知っています。

そして、「本当の自分」は、すべてが愛であることも知っていますし、それゆえ、何が起きても、その出来事を俯瞰して、そしてその中にいい部分を見つけることができます。

「自分」と「本当の自分」がしっかりつながっていると、たとえばパートナーが約束を守ってくれなかったとしても、「彼にも何か事情があったのだろう。仕方ない。自分で楽しく過ごそう」とすぐ気持ちを切り替えることができます。

「他人や状況」ではなく、いつも「自分自身」に焦点を合わせることができるのです。他人や状況に振り回されず、いつも自分の気分を自分で選ぶことができる。それこそが、幸せを自由自在に引き寄せている状態だと言えます。

多くの人は、「望み」も二種類に分裂しています。

世間で言うところのいいことや、常識や、経済的な理由などから抱いた「仮の望み」と、誰が何と言おうと自分の本当にやりたいことだったり、流行や人の評価に関係なく、心から自分がほしいものなどの「本当の望み」の二種類があるのです。

あなたの本当の望みは、必ず叶います。あなたが「本当の自分」につながり、自分の本当の望みを自分で知れば知るほど、「望みが何でも叶う」という状態に近づいていき、人生が本当に思い通りになっていくのです。

そこでまずは、自分の「本当の望み」を知る、ということがとても大事になってきます。

多くの願いは「仮の望み」

あなたの「本当の望み」と「仮の望み」を見分けるひとつの方法はこうです。

あなたの望みの「どうして」の部分を考えてみましょう。

たとえば、パートナーがほしい、結婚したいという望みがあるとします。

・パートナーがいない自分は完全でないような気がするから、パートナーがほしい
・この年で結婚していないのは、世間体的にも恥ずかしいから早く結婚したい

これらは不足感から求めていたり、世間的な基準から考えていることになります。

不足感から望むことは、あなたの本当の望みではないのです。

本当にそれがほしいのかどうかわからないまま、「不足感を埋めたい」という目的で欲している「仮の望み」なのです。

あなたの「本当の望み」は、つねに「あなたの喜び」だけに基づいています。

好きな人がいて、この人ともっと人生を楽しみたい、だから結婚したい、という場合は、あなたの喜びに基づいた本当の望みです。

「本当の望み」については、制限する必要はなく、ほしいものはほしい、やりたいものはやりたい、と前向きになってください。恋愛でもそれ以外でも、自分の本当の望みに遠慮はいらないのです。

「仮の望み」については、結局叶っても叶わなくても不足感を引き寄せますので、その望みを追いかけても決していいことはありません。

たとえば、「お金がないからお金がほしい」と願った人が、仮にお金を手にしたとしても、もっともっとと求めてしまい、たどり着くのは際限のない不足感です。

もしあなたが今、不足感を持っているのなら、現実にある幸せを見てみてください。

自分にぴったりのパートナーと幸せに暮らしたいならば、まず、今の現実の中から幸せを見つけること。パートナーがいなくても毎日が楽しい、そんな自分が好きだ、という状態まで自分をもってきてください。

そして、「今の生活は楽しいけど、今の喜びを二倍楽しめるようなパートナーがいたらいいなぁ」と素直に願うのです。

すると、気になる人や、ちょっといい感じの関係になる人が必ず現れます。

そして、あなたはますます毎日が楽しくなってきて、そしていずれ、最高のパートナーがいる、という状態になるのです。

心が震える出会いが必ず訪れます

本当の自分を知り、本当の自分がやりたいことを実際にやったり、本当に好きなものやほしいものを手に入れたりしたとき、はじめて心から満たされます。

恋人がいても、結婚していても、世間的な幸せを手にしていても、本音を無視していたら、本当の意味で満たされることはありません。

あなたの魂はちゃんとあなたの幸せを知っています。心の奥深くからわいてくることは、幸せにつねにつながっているのです。

理由もないけどこの人が好きだ、心が震える、心が喜ぶ。

そういうときは、魂からのGOサインだと思って大丈夫です。

周りの意見や周りの言葉にまどわされるのではなくて、自分の感覚を大事にしてみてください。

自分の本音を丁寧に扱い始めると、波動はどんどん高まってきます。

まずは、本当の自分を知ることが大事です。自分自身とうまく付き合うことで、相手ともうまく付き合えるようになっていくのです。

法則5

あなたの魂はあなたの本当の願いを知っている

6

毎日を楽しむことで波動が上がっていく

今やりたいことを、忠実にやる

それでは、実際に幸せを引き寄せるためにはどうすればいいのでしょうか。

それは、**とにかく波動を高い状態に保つ。この一言につきます。**

そのためには、これまでにお伝えした通り、「今の現実の中にいいことを探して、幸せを感じる」ことがとても重要です。

そして、いいこと探し以外には**「自分のやりたいことをやる」**ということが大事になってきます。

自分がやりたいことをやっているときというのは、誰しも例外なく幸せな状態であ

り、**誰かに自分の幸せを依存していない状態**なのです。

その状態であれば、いとも簡単に幸せを引き寄せていき、そして、願いも難なく叶っていきます。

自分がやりたいことをやっていないと、恋愛にばかり気持ちがいきがちです。

そして、自分の幸せを相手に依存してしまうこともあるでしょう。

やりたいことというと、みなさん大きく考えすぎてしまうのですが、仕事になったり、社会的に影響を持つような大きなことである必要はまったくありません。

今日はどこへ行きたい、何を食べたい、どんな服を着たいなど、毎日の日常の中の「自分がこうしたい」と思うことをできる限り忠実にやってみるようにしてください。

私は電車に乗るときに、経路が何通りかある場合、早く行けるかどうかではなく、その路線で行きたいかどうか気分で決めています。

そういうことも、やりたいことをやるということです。

そんなふうにしていると、途中の駅で会いたかった人に会ったりするなど、面白いことも起こってくるのです。

恋愛や結婚が逃げになっていませんか?

「やりたいこと」というと、「私は好きな人といっしょにいることがやりたいことです!」「私のしたいことは結婚です!」という人もいます。

しかし、まずは「自分ひとりでできるやりたいこと」に注目しましょう。

「あなたが本当にやりたいこと」を考えたときに、それが結婚であるという人はほとんどいないのではないでしょうか。自分のやりたいことに向き合っておらず、恋愛に逃げている人が多いのも事実です。

もし、結婚したいという裏に、仕事が嫌だったり、安定したいからという思いがある場合、「現状が嫌だ。逃げたい」というのが本心で、「結婚したい」というのは本当にやりたいことではありません。

今が楽しい、充実しているかで、「恋愛に逃げているかどうか」がわかります。

たしかに、その相手と結婚することで何かを学ぼうとしている人や、結婚生活や家庭生活の中で自分なりの役割を果たそうとしている人はいるかもしれません。

しかしその場合も、きちんと自分の軸を持った状態だから引き寄せられるのです。

好きな服を着るだけで自分を満たせる

「恋愛が安定しないとやりたいことは見つからない」

「やりたいことが何かわからない」

こういった相談をよく受けますが、本来、「自分のやりたいことがわからない」ということはないと思います。

「わからない」と思い込んでしまっているか、「やりたいこと」を大きくとらえすぎているだけです。もしくは、「やりたいこと」はあるけど、「できない」か「やってはいけない」と思い込んでいるかのどれかでしょう。

『「引き寄せスパイラル」の法則』（大和出版）にも、「どうしてもやりたいことがわからなければ、今日の夕飯に何を食べたいかというところから始めてください」と書いていますが、食べたいものを選んで食べることも、「やりたいことをやる」ということです。

やりたいことをやるということは、自分を満たすということです。自分に好きなことを思いっきりさせてあげてください。

ちょっとしたことでいいんです。美容院にいって、自分が好きな髪型にしてもらう。好きな洋服を買う。好きな映画を見に行く。マッサージに行く。本を読む……。

自分ひとりで自分を楽しませることって、意外とたくさんありますね。

その日々の積み重ねが波動を上げることにつながるのです。

そして願いがどんどん叶い始める

あなたがやりたいことを見つけて、それを実際にやり始め、自分を充実させ、いきいきと輝いた状態になってくると、間違いなく恋愛もうまくいくようになります。

パートナーがいない人には、向こうから最高のパートナーが放り込まれます。

また、パートナーとうまくいっていなかった人も、相手が最高だと思えるようなパートナーに変わっていったり（正確には、自分の見方が変わるだけなのですが）、または、そのパートナーは自然と離れていき、素敵なパートナーが現れてきたりします。

恋愛だけでなく、生活すべてにおいて嫌なことに目が向かなくなってきて、本当に楽しいことばかりになってきます。そのようになってくると、あなたは結果すら求めなくなります。

波動が高まって、引き寄せを実感し始めると、恋愛だけでなく、仕事、趣味など、すべてのことが自分の望む方向へ変化していくことが実感できます。

そして、ありとあらゆるものに対して感謝の気持ちがあふれ出してくるのです。

恋愛や人間関係だけでなく、ペットや天気、自分が暮らしている家など、ふだん気にしていなかったことがとてもありがたく感じられてきます。

感謝の気持ちは最高の波動です。心からの感謝を感じれば感じるほど、どんどん感謝したくなるような出来事を運んできてくれるようになります。

波動が高まると、シンクロニシティもたくさん起こり始めます。

ほしいと思っていたものが簡単に手に入るようになったり、ピンときた場所へ行ってみると、友人に会えたり、ふと思い浮かんだことが、すぐに現実化したりするのです。

私の場合、気になっていたけどまだ買っていなかった本、行きたいけれどまだ行けていなかった場所への旅行、行きたくても取れなかったコンサートのチケットから、やりたい仕事まで、自分から引き寄せようとまったくしなくても、すべて引き寄せるようになりました。


このように、特に意識して願わなくても願いが叶うようになります。

こうなったら、もうあなたは幸せそのものだと思いませんか？

小さなことの積み重ねで、このレベルまで誰でもいくことができると私は確信しています。

法則6

あなたには「やりたいこと」＝使命が必ずある

7 パートナーを探す必要はまったくありません

必要な人とは必ず出会うもの

「パートナーがほしい」と思うとき、どうしてもパートナーを探してしまいますよね。あなたがパートナーを探すとき、それは、「いないから探す」のであり、「私にはパートナーがいない」という波動を宇宙に放っていることになります。

そして、ほとんどの場合、パートナーを探しているときというのは、宇宙の幸せの流れを信頼していない波動を発しています。そして、それがそのまま現実化してしまっているのです。

もちろん、なかには「パートナーが見つかる」ということに確信を持っていて、楽しんでパートナー探しをしている人もいるでしょう。その場合はいいのですが、不安や不足感から探す場合は、あなたにとっていい現実は引き寄せません。

実は、パートナーは探す必要さえないのです。

自分の波動を高い状態に保ってさえいれば、勝手に引き寄ってくるのです。無理に出会おうとしなくても、出会ってしまいます。

それは友人を通してかもしれませんし、趣味の場で出会って気が合う人が現れるかもしれません。たまたま入ったお店で、出会いがあるかもしれません。

そして、何も無理をしなくても、自然とおたがいに興味をもって、距離が近づいていきます。実際、出会いなんてどこにでも転がっているのです。

必要な人とは必ず出会います。

安心して、自分のことに取り組んでください。

幸せの流れにのるためには、ぎゅっと込めた力を抜いてリラックスして、ただ、あなたらしさを発揮し、そして毎日を楽しんで過ごせばいいのです。

自然とあなたの人生に、あなたにぴったりのパートナーが現れてくるでしょう。

波動を高めることにベストを尽くそう

あなたは、あなたの波動によって人間関係を引き寄せていますが、それは、具体的なAさん、Bさんというところまであなたが決めて引き寄せることができる、というわけではありません。

これまで、学校で出会う人、職場で出会う人、その他の関係で出会う人を選べたことがあったでしょうか？

また、その中でも特に仲良くなる人、恋人になる人を、選んだような気になったことはあるかもしれませんが、結局は、自分の選択だけではなく、相手の選択や自然の流れでそうなりましたよね。

なんとなく気が合う、うまが合う、自然と仲良くなってしまう。逆になんとなく合わない、自然と疎遠になる。

そのことに対し、人間は非力です。それは縁なのです。自分の意思でどうすることもできないのです。

法則７

波動さえ高く保っていれば良縁を引き寄せる

「引き寄せ」というと、この人と恋人になりたい、というような願いが必ず叶えられると誤解している人も多いかもしれませんが、そうではありません。叶う恋もあれば、そうでない恋もあります。（ただし、波動が良い状態になればなるほど、あなたは自分にとっての良縁を難なく引き寄せていけるようになり、好きな人と必ずうまくいくような状態になってきます）

誰と恋人になるか、結婚するかがあなたの人生を決めるのではなく、そこは縁です。**あなたの人生を決めるのは、あなたが縁によってもたらされた自分の人間関係をどう見ていくか、**そこなのです。それが「引き寄せ」です。

そのようにして、素晴らしい人間関係を引き寄せていくでしょう。

8 宇宙にまっすぐ届く願い方

どれくらいの強さで願えばいい？

よく読者の方から「叶いやすい願い方」についてご質問を受けます。

「小さい願いから願ったほうがいいんですか」

「一日何回ぐらい願えば」

「どういう願い方がいいんでしょうか……」

などなど。

結論からいうと「願い方なんて、どうでもいい！」です（笑）。

強さも弱さも関係ありません。**重要なのは願い方ではなく、「願いが叶っていても**

いなくても、今の生活まんざらでもないな」と思えるぐらい、日常を楽しむこと。

すると、「本当の願い」が勝手に叶ってしまいます。

不足感があると、パートナーがいないからパートナーがほしい、結婚していないから結婚相手がほしい、という願いになってしまいがちなので、むしろ「何を願うか」にこだわらないほうがいいのです。

願いが叶うのは、「その願いが叶っても叶わなくても幸せ」と、自分の現実に幸せを感じることができるようになったときです。

結果がどっちでもよくなったら叶います。執着がなくなったとき、とも言えます。

シンプルに、ただ幸せだなあと感じている時間が長くなればなるほど、願いがスッと叶うようにできているのです。

「○○に○○してほしい」は叶わない

もし、それでも何かしら願いたいのであれば、

「なぜだかわからないけど、私は最高のパートナーを手に入れます」

「なぜだかわからないけど、私は○○になることが決まっています」のように、**自分に抵抗の起きない願い方**で願ってみましょう。

また、願望は、書いても書かなくても叶います。書くか、書かないかはまったく重要ではないのです。

そして、願望をもつときは、「○○に○○してもらう」など、他人に対する要望が入らないように気をつけましょう。**他人に幸せにしてもらおう、という思いがなくなったところで、あなたは本当の幸せを手に入れます。**

他人をコントロールしたい、という願いは決して叶いません。

他人はあなたを幸せにするためにいるのではないのです。あなたの人生をさらに豊かに、幅を広げてくれる存在ではありますが、あなたを喜ばせるために生きているわけではありません。あなたも自由で、他人も自由です。

あくまで、あなたの幸せはあなた自身の手にしかゆだねられていないと知ること、コントロールするべきは、自分自身だけだと肝に銘じておきましょう。

すべては自分の思考をどこに向け、そして、自分の波動をどのように保つかなのです。

結果にフォーカスしすぎない

「○才までに○○さんと結婚する」などの限定した望みをもっている場合、そのときまでにそうなっていなければかえって焦ってしまいます。焦ってしまうと、あなたの望みからはどんどん遠ざかってしまうので要注意です。

私は期限を切ることはおすすめしません。それは、未来をコントロールしようとすることだからです。

あなたの望みは、何も心配しなくても、最適なタイミングで叶います。いつ、どのように叶うかを決めるのはあなたの仕事ではないのです。

ですので、どういう経路をたどってその願いが叶うのかとか、いつ叶うかという具体的なことは考えないようにしてください。

願いが叶うときというのは、信じられないような出来事が重なって叶いますので、今、自分で設定することは不可能です。

本当の自分の願いを知り、その願いに素直になって、あとは日々楽しく過ごす。

これが願いを叶えるコツなのです。

「引き寄せがうまくいっている場合、すぐ叶うのですか？」という質問がよくありますが、叶う時間についてははっきり言ってケースバイケースです。

「いい気分を選択しているのに、全然素敵な人が現れない……」

そのようなことも聞きますが、あなたの願いが非現実的だから叶わないのではありません。結果に気持ちをフォーカスしすぎて、今いい気分になれていない、波動が良い状態ではないということです。

もしなかなか願いが叶わないな、と思うなら、

・その願いは不足感からきていないか
・いいこと探し、感謝探しができているか
・やりたいことをやっているか

を確認してみてください。

もしあなたがいい気分を選択し続けていて、それでも願ったようなことが起こらな

いのであれば、今はパートナーにこだわらずに、自分ひとりの時間を充実させなさいという宇宙からのメッセージだと思ってください。

あなたは、絶対に幸せ以外になれないようになっています。

願いが叶うのに時間がかかったり、かからなかったりしますが、ちゃんと叶います。

・目の前にあることのいいこと探し、感謝探しをして幸せを感じる
・やりたいこと、ワクワクすることをする
・嫌な感情に気づいて切り替える

と、これらを地道に続けていくだけでいいのです。

結果に執着せずに、いい気分を選択していくこと。これが何よりも大事なのです。

法則8

結果がどっちでもよくなったら願いが叶う

9 最高の出会いはすぐ近くまで来ている

もうすでに引き寄せています

いいこと探しをしていい気分になり、本当の自分につながってくると、自分の心が喜び、いつもニコニコ、穏やかであったり、毎日が楽しすぎてニヤニヤしているような状態になってきます。

そのような状態になると、もう、本当に叶わない望みなんてないんだ、というような状況になります。恋愛においては、

・つながりのある人にすぐピンとくる
・魂で約束したとしか思えないような人が寄ってくる

ということが起こってきます。

あなたが好感を抱く人は、必ず相手もあなたに好感を抱いている、という状態になります。恋愛においても、それ以外の人間関係においてもそうです。すべてはつながっている、ということを本当に感じられるでしょう。

あなたは、あなたが好きになるべき人を自動的に引き寄せ、そして自然とうまくいってしまうのです。あなたのことを好きになってくれる人を、好きになるようになるという感覚です。

そしてもう、自分に必要な人は自分に寄って来るとわかっているので、なにも恐れず、リラックスしてすべてをゆだねているような状態です。そうなると、ますますあなたは素晴らしい人間関係を引き寄せていくでしょう。

半年でがらりと変わった私の人生

あなたは今、自分の気持ちと、外で起こっている出来事、どちらのほうに目を向けることが多いですか？

私の場合、引き寄せを知る前は、外側を変えることばかりに目を向けていましたので、外側への関心が70％、自分の気持ちへの関心が30％ぐらいでした。

引き寄せを知ってからは、外で起こっている出来事よりも「自分が今どんな気分でいるのか」について目を向けることがどんどん多くなっていきました。

そして日々「いい気分でいること」に注力し始めてから半年後、あらゆることがうまくいき、願ったことや、願った以上のいいことがたくさん起き始めたのです。

さらに半年後には念願だった初の著書『「引き寄せ」の教科書』（アルマット）を出版できました。この本が出版された頃には、外側の状況への関心は10％、自分の気持ちへの関心が90％以上になっていたと思います。

今では、自分の外側にある良い状況やものごとが自分を幸せにしてくれているわけではないことがわかり、外側の出来事に何も執着することがなくなりました。

もちろん、今でも落ち込んだり、気持ちが揺れたりすることはありますが、たとえ自分のあまり望まない出来事が起こったとしても、どのようにその出来事を見ていくか、そしてどのように感じていくかの選択権はつねに自分にあるのです。

私は**引き寄せとは何かを得たり、願いが叶うことがゴールではなく、自分自身が幸せを感じることがゴール**だと思っています。

なぜなら、誰もが求めているもの、それは幸せなのですから。

引き寄せがうまくいき始め、自分自身が自分を幸せにできるようになってくると、最初にほしいと思っていた結果がさほど重要でないことに気づきます。

それが叶っても叶わなくても、幸せはすでにあることが本当にわかってくるのです。

本当に大事なことはすべてあなたの中に、すでにもうあります。このことに気づけば、恋愛のこともそれ以外も、すべて望み通りの人生を引き寄せていくでしょう。

法則9

波動が高まると、つながりのある人にピンときやすくなる

第2章

自然に最高の出会いが訪れる法則

1 「愛されないと幸せになれない」と思っていませんか？

「素敵な人に愛されたい！」

今この本を読んでいる方は
・パートナーがいないので、どうすれば最高のパートナーに出会えるのか知りたい
・好きな人とお付き合いしたり、結婚する方法を知りたい
・パートナーはいるけれど、いろいろ不満があったりして、このパートナーといっしょにいることが幸せかどうかわからない
など、自分と将来をともに歩む人はどんな人がいいのか、と真剣に考えていることでしょう。

まず、この章を読み進めていく前に、とても重要なことを最初にお伝えしておきたいと思います。

それは、**あなたにパートナーがいなかったとしても、すでに、あなたは完全で完璧な存在**だということです。

パートナーがいるからあなたが完璧な存在になるのではありません。

第1章でも、誰でも自分がすでに素晴らしい存在であることを知っていると書きましたが、本当にそうなのです。

まずは自分で自分を幸せにする覚悟をもつ

恋人ができなかったり、パートナーとうまくいっていないときにありがちなのが、誰かパートナーがいてはじめて一人前になる、結婚した自分になってはじめて完璧な存在になる、と思ってしまうこと。

そうではなくて、あなたひとりでも十分に幸せになれるのです。幸せというのは、誰かが与えてくれるものではなくて、必ずあなたの内側からわき上がってくるものだからです。

そして、第1章でお伝えした通り、自分で自分を幸せにするとき、必ず幸せを引き寄せます。恋愛でいえば、そんな幸せなあなたにぴったりな最高のパートナーがやってきて、さらに喜びが増えていく。そんなイメージです。

ですので、最高のパートナーを引き寄せるためにはまず、**「パートナーが自分を幸せにしてくれるのではないし、結婚が自分を幸せにしてくれるのではない。自分で自分を幸せにするんだ！」**という覚悟が必要となります。

長い間パートナーがいなかったりすると、一生ひとりでこのままなのかと思ったり、不安になってしまう気持ちはよくわかります。

ですが、パートナーがいない自分を何かが欠けた存在だと思っているなら、ますます自分が不完全さを感じるような相手しか引き寄せません。

信じていることが、そのまま現実になるからです。

あなたはひとりですでに完全で、あなた次第でどんな望む人生もつくり出していける。そのことをしっかり自覚することが、最高のパートナーを引き寄せる第一歩です。

最高のパートナー＝私が好きな人

そもそも最高のパートナーとはどんな人でしょうか。
高学歴？　容姿が優れている？　お金持ち？　浮気をしない？　あなたがほしいものをくれる？　子育てに協力的？　誠実？　あなたをいつも最優先に考えてくれる？
知らず知らずにいろいろな条件をつけているかもしれませんね。

「最高のパートナー」とは、あなたが、ただ「好きだ」と心から思う相手です。

そこに理由はありません。「好きだから好き」なのです。難しく考える必要はありません。あなたの好きな人＝最高のパートナーです。

最高のパートナーは、こうでなくてはいけない、と頭で考えている人がたくさんいますが、そのような理想の条件に合う人とお付き合いしたり、結婚したりしたとしても、必ずしも幸せが約束されているわけではないのです。
完璧な条件の人と結婚しても、不満ばかりだったり、離婚したりという話を私も何

度も聞きました。

この人でいいのかな？とよくわからなくなったら、すべての条件を外したところで、**心から好きだと感じるのかどうか**、それだけを自分に聞いてみてください。

好きだと思うなら、その人が、あなたの今の「最高のパートナー」です。

そしてその相手は、いっしょにいると、自分がいきいきとしてきたり、自分の心が喜ぶ、そういう人なのです。

もし、「好き」なのかどうかよくわからなくなったら、**「相手の幸せを本気で願えるかどうか」**、それを考えてみてください。

もし、その人が幸せだったらいいな、と

素直に思うことができ、そしてそう思うことで温かい気持ちになるのなら、その人があなたの好きな人です。

条件で選ぶとうまくいかない理由

よく、理想のパートナーの特徴を書き出してイメージすれば、理想のパートナーを引き寄せるという説がありますが、これは諸刃の剣です。

あなたが自分のことをよく知って、そんな自分に合うのはこんな人、というふうに思い描く場合はいいのですが、**その条件の裏側の本心の部分に、自分の嫌なことが隠れている場合、嫌なことを引き寄せてしまう**のです。

たとえば、お金持ちという条件には、貧乏が嫌だという本心が隠れています。

本心の通りに引き寄せますので、たとえ、条件通りの人に出会ったとしても満たされないのです。

また、高学歴などの世間的な基準から設定した条件は、あなたの虚栄心を満たしてくれるかもしれませんが、決してあなたを幸せにしてはくれません。

そしてこうした条件から相手を選ぶことは、もっとも自分で自分を貶めることでもあるのです。自分の感じ方、自分の心をただ信頼するだけでいいのに、外側の条件に決めてもらおうとしているのですから。

自分を大切にしないとき、自分を愛で満たさないとき、愛を引き寄せることはないのです。

自分の波動を良い状態に保っていれば、条件など関係なしに、必ず幸せが大きくなる相手といい関係を築けます。

イメージングについては、無理にする必要ないので、自然に任せましょう。

無理なくイメージできることならいいのですが、無理にやろうとしてもできないことに気づくでしょう。

それよりも、自然に降りてくるイメージがあったら、ちょっと気にしてみてください。ザルの目が開いている状態だと、ビジョンやイメージが降りてくる場合があります。夢で見たり、予感がしたり、ということもあります。

そういうものは、「本当の自分」から降りてきているので、「イメージしていたこととまったく同じことが現実に起きた！」などびっくりすることもあるでしょう。

自分には素敵なパートナーなんて一生現れないんじゃないか……。そんな心配はいっさいいりません。**あなたが、自分の喜びを分かち合い、素晴らしい時間を共有できるパートナーは、必ずいます。**

自分の波動を良い状態にすることができれば、必ずその人とうまくいくようになっていきます。恋愛も結婚も、あなたの年齢や職業や能力や容姿や行動力にはいっさい関係がありません。

関係があるのは、あなたの「波動」だけです。

最高のパートナーを引き寄せることができますので、心配しないでください。

法則 10

「ひとりでも完璧な自分」に気づいたとき、パートナーが現れる

2

「出会いがまったくない…」と思っている人へ

恋愛のことばかり考えていませんか？

今、パートナーがほしいけれども、特に好きな人もいないという場合、

・幸せは相手次第ではなく自分次第だと理解する
・自分は自分だけで完全な存在だと理解する
・自分のやりたいことに前向きになったり、日常の中に楽しみを自分から見つけて、できるだけ日々幸せを感じて過ごす
・そのうえで、パートナーを得るということを否定せずに前向きにとらえる

（ひとりのほうが楽だとか、恋人は面倒だと否定的に考えない。ほしいならほしいという思いを素直にもつこと）

これらが大事になってきます。具体的にできることは、

・習いたかったことをやってみるなど、趣味を充実させる
・ひとりでも友人とでも、行きたかったところに行く。見たい映画をみる、など
・ほしいものを素直に買って喜んでみる
・仕事をできる限り楽しむ

など、どんなことでもいいので、やりたいことをやって、自分をイキイキさせていくことです。

恋人がほしいという思いはそれはそれでいいのですが、そのことをいつも考える必要はまったくなく、いったん横においておく感じで、まずひとりの時間を楽しんでみてください。

自分が自分を幸せにしていない状態、自分が自分を満たしていない状態で、満たされる関係、幸せな関係を引き寄せることは不可能です。

もし恋愛のことばかり考えているのだとしたら、要注意。「自分以外（恋愛、誰かの気持ち）のことばかり考えている！」と気づいたときに、考えをストップさせて、他に目を向けていくことが大切です。

それが、結果的に最高のパートナーを引き寄せることにつながるのです。

「ひとりの時間」を忙しくする

「恋人が五年ぐらいいなくて、この先恋人ができるかどうか……」

「付き合っている人がいないのに30代半ば。結婚できるか不安」

そういう将来に対する不安感を持っている人もいることでしょう。

焦る気持ちはわかりますが、焦っていてもいいことはありません。

焦っている自分に気づいたら、目の前のいいことを探し、自分がやりたいこと、ワクワクすることをするようにしてください。

自分自身を物理的に忙しくして、不安なことを考える時間を減らすのです。

自分が心から夢中になれることをしていると、好きな人が現れます。

そして、「この人といっしょにいると楽しいな」という純粋な波動が相手に伝わると、自然とお付き合いや結婚につながっていくものです。

愛の波動を発する状態をつくる

恋愛でうまくいったことがないので、自信を持てない、という話もよく聞きます。

そのように異性とうまくいくと思えない場合は、たとえば、好きな動物や親戚の子どもなどに対する、自分の中の「愛」を感じてみてください。

動物や子どもに対する愛は、よけいな期待を抱くこともありませんし、純粋な愛を感じやすいと思います。

それだけで、あなたは「愛」の波動を発している状態になっています。

そして、自分が愛を発している状態になると、その子どもや動物など、自分が愛している対象が、同じようにあなたに対して愛を放ってくれるようになります。

一度でも二度でも、何度でも経験してみてください。

誰かや何かを愛する気持ちは、自分の中にいつでも感じられますよね。

心の中に優しい愛を持っている自分、素敵だと思いませんか？

そうやって、自分のことも愛していきましょう。

とにかく、**自分を愛することや、自分の中の愛を感じること、それが先です。**

そして、その状態でいると、あなたは無理をしなくても、願いが向こうからやってきて叶いますので、「異性とうまくお付き合いをしよう」と思わなくて大丈夫です。

「うまく付き合いたい」と思いすぎていると、よけいに「今はうまく付き合えていない」という観念を強化してしまうので要注意です。

「自分の波動さえ整えておけば、勝手にうまくいく」と考えてくださいね。

本当に、あなたが無理なく関係を進めていける相手が現れますので、心配はいりません。

婚活する必要はいっさいありません

第1章でも、パートナーを探す必要はないとお伝えしましたが、好きな人や結婚相手を探すために婚活をする必要は実はありません。

ただし、「ひとりで楽しいから、好きな人がいなくても、結婚なんてしなくてもいいや」という方向にはいかないでください。それは、あなたが自分で自分の望みを叶うのを邪魔している状態です。

あなたが素直にいいなと思うことをあなたは引き寄せます。

法則11

自分の波動さえ整えておけば、勝手にうまくいく

「結婚したい。でも一生ひとり身なのかもしれない」と将来を不安に思ってしまっている方、そして、現在好きな人も付き合っている人もいないけれど、漠然と結婚したいと考えている方もいるかもしれません。

不足感からではなく、人生を楽しむために本当に心から「恋愛や結婚がしたい」という願いがある人は必ず結婚できると私は思っています。

もともと「結婚をしない」という運命を選んで生まれてきている人は「結婚したい」と思わないものです。

「自分はひとりで生きていくよりも、素敵なパートナーと二人三脚で生きていきたい！　そっちのほうが絶対楽しい！」

そう心から思うとしたら、必ずあなたの願いは叶います。

3

「彼に好きになってもらいたい」という願望

あの人を引き寄せられる?

恋愛でモヤモヤしているときは、たいてい特定の人との進展を望んでいるのが普通だと思います。

「特定の人を引き寄せることはできるんでしょうか?」

というご質問もいただきますが、これの答えは、YESでもあり、NOでもあります。

他人や起こる出来事はコントロールができないため、基本的にはNOです。

しかし、波動が高くなってきて、本当の自分につながり始めると、「自分にとっての本当の幸せ」がわかるようになるのです。

すると、「この人だ！」というような直感も冴えてきて、運命の流れがわかったり、未来に起こることをキャッチできるような状態になってきます。

そして、自分に合った人と自然に出会い、その人を好きになり、自然とうまくいく、ということが起こってきます。

ここまで来ると、特定の人でも引き寄せられるといえます。

特定の人との進展については、あなたの波動の状態により、ＹＥＳともＮＯとも言えるのです。


あなたが引き寄せられるのは、あなたの波動と同じものです。

自分が幸せだったら幸せを、自分が愛を放っていたら愛を、引き寄せます。

特定の人を引き寄せられようが、引き寄せられまいが、自分次第で「絶対に幸せ」にはなれる、ということは覚えておいてください。

「彼でなくてはダメ」に要注意

今あなたに好きな人がいるとします。その人と付き合いたい、または結婚したいと思う。それは自然な感情だと思います。

人を好きになるというのは素敵なことです。どんどん好きになりましょう。好きだ、という感情に浸り、好きな人を好きだと思える幸せに浸るだけで、その対象を引き寄せる方向へ行きます。

しかし、ここで、「彼がいなければ幸せになれない、この人でなくてはいけない」と思い始めたら、要注意です。

第1章でお伝えしましたが、自分で自分を幸せにしてはじめて、幸せを引き寄せる準備が整うのです。

「彼がいなければ、幸せになれない」ということはあり得ないですし、そう思う限り、幸せを引き寄せることができません。

そして、本当の望みは彼に幸せにしてもらうことではなく、ただ幸せになることなのです。

また、本当に彼でなくてはならないのでしょうか。

極端なことを言えば、それは彼でなくても、全然問題ないのです。

たとえば、以前付き合っていた彼がいるときは、「彼でなくてはダメ！」と思っていたかもしれませんが、今はその人でなくても大丈夫なわけですよね。

もし今、その人でなくてはダメだ、という意識が強く出てしまっているとしたら、それはただの執着です。

「私のことを好きになってほしいから、好きになってもらえるように相手の気持ちをコントロールしよう」と、恋愛指南書を読んで相手の心をつかまえることができたとします。でも、果たしてそれで幸せなのでしょうか？

そのような行為は、相手に対し誠意を欠きますし、心から好きな人に対してするものではないことに気づきましょう。

他人は決してコントロールできない

何か願いを叶えようと思ったときには、その願いは「誰かに何かをさせる」ことではなく、あなたがしたいことを基準にしておく必要があります。

法則12

幸せを他人にゆだねなければ、あなたは必ず幸せになれる

「あの人に私を好きになってもらいたい」というのは、他人に対する要望です。

他人に対する要望は、あなたの本当の願いではないので、宇宙は叶えることができません。（結果的に、そのようになることはありますが）

あなたができることは、「あの人に好きになってもらえるような輝いた自分になりたい、そうなろう！」という願いと意志を放つことです。

あなたがコントロールできるのは、自分だけなのです。

他人をコントロールしようとしても絶対できないので、苦しくなってしまいます。

相手に自分の幸せをゆだねたら、人生の奴隷のようになってしまいます。

一方、自分で自分を幸せにしていくと決めたら、もうすでに幸せの渦の中に入っているのです。

4
ただ「好き」と思っているだけでいい

どうやったら付き合えるの？

「いっしょにいるとすごく楽しいのに、お付き合いにいたらない」というご相談もよく受けます。

お付き合いしたいと思っている人がいる場合、その人と楽しく過ごせる時間に感謝するよりも、「お付き合い」という形にばかりに気がとられていないでしょうか？

「特定の人と付き合いたい」「特定の人と結婚したい」という願いは、その人と付き合ったり結婚したら幸せになれる、と思っているうちは、叶いません。

では、「○○さんとお付き合いしたい！」と思ったときはどうすればいいのでしょうか？

もしその願いを叶えたいのなら、**「○○さんと話したり、いっしょにいられると本当に嬉しい。幸せだなぁ」と、「今実現できていること」にフォーカスする**のです。

好きだという気持ち、そして、それによって得られる喜びを再確認し、それに浸って幸せを感じるだけでいいのです。

嬉しい波動は伝わりますので、好きな人も嬉しく楽しい気持ちになるはずです。

逆に「○○さんと、楽しく話すことはできるけど、ちゃんとしたお付き合いはできていないな……」という不足の状態に焦点をあてて気持ちを曇らせていると、その状態がずっと続いてしまうことになります。

「好きだなぁ」だけのほうがうまくいく

すでにあるもの、すでに起こっていることの中で、あなたが嬉しいと思えること、幸せを感じられることを思い出してください。

大好きな人と同じ職場にいられる……

大好きな人と話したり、メールができる……

それだけで、すごく幸せなことではないですか？

好きな人がいる。それだけで、好きな人がいないという状態より何倍も幸せなはずなのです。

「好きな人がいる」という幸せに日々感謝できるなら、あなたの望みは簡単に叶います。

お付き合いすることをゴールとするのではなく、あなたがその人といたら幸せ、という気持ちを抱き続けたら、自動的にお付き合いに、という流れになるのです。

お付き合いが先ではなく、幸せが先です。

その純粋な「好きな人がいて嬉しい！」という気持ちを大事にしていれば、悪いことは何も起こりません。たとえその○○さんとお付き合いできなかったとしても、必ずいい人が現れます。

先にお伝えした通り、「引き寄せの法則」というのは必ず願いを叶える法則ではなく、「自分が発した波動と同質のものを引き寄せる」ということです。

あなたがその人とうまくいくことを邪魔しているのは、「好きだなあ」以外のよけいな考えです。

「好きだなあ……でも……」

その〝でも〟の後のよけいな考え、そこから出る波動、それを減らせば減らすほど簡単に幸せになれます。

彼が付き合ってくれるかどうか、結婚してくれるかどうかではなく、「自分が今、幸せを感じているのか」。そう考え始めたら、あなたは幸せの流れにつながり始めています。

「好きな気持ち」の伝え方

波動を良い状態に保っていると、自分から特に告白などの行動をしなくても、ちゃんと付き合うべき人と付き合えるようになりますので、特に行動する必要はありませんが、告白してはいけない、という意味ではもちろんありません。

「この人が好き！」という純粋な気持ちを伝えるのは、素敵なことです。ただし、そこに「こうしてほしい」という期待が入っていなければ……。

告白するときは、「自分がただ言いたいから言う」「好きだという気持ちをただ伝えたいから伝える」「結果は気にしない」と思えたときにしましょう。

そして、あなたが本当にそう思うなら、告白するのにぴったりのタイミングがやってきて、自然に伝えられます。

告白することに無理を感じたり、「好きな気持ちをただ伝えたい」以上に期待が大きいときは、何もしないでタイミングを待つのが吉です。

形へのこだわりをなくす

「『好きだ』と思っているだけだし、いいこと探しもしているのに、全然結果がついてこない」と思っている方もいるでしょう。

そうした場合、必ずその裏には、相手へ求める波動、相手から奪おうとする波動、今の現実が不満だという波動が強く出ています。また、「形にしてほしい」という期待が少なからず入っているのです。

あなたの最高のパートナーは、つねに「あなたの好きな人」であって、「結婚してくれそうな人」ではありません。

「形にしたい」という考えは、いったんすべて手放してみてください。

そうするかわりに、目の前のことを十分楽しんでください。うまくいくかどうかは神様次第、と思ってみてください。

波動を良い状態に保ったうえで、本当に結婚したいと思うのであれば、必ず最高のパートナーと結婚できるようになっています。

心配する必要はまったくありません。

波動が高くなり、ザルが開き始めると、好きな人と必ずうまくいくようになります。

必然的にうまくいく人に出会って好きになる、とも言えます。

現状を楽しみ、満足することが大事です。

今すでに彼から与えられていることに感謝することです。感謝の心を忘れなければ、最高の現実を引き寄せ続けるのです。

すると、長らく動きがなかった関係でも、結果的に相手のほうから「付き合いたい」「結婚したい」と言ってもらえたりします。

もしくは、本当に縁のある相手でなければ、自然と離れていき、やがて新たなパートナーが出現するでしょう。

法則13

好きな人を好きだと思える幸せに感謝する。すると、結果的に本当に望んでいることが叶う

5 「結果」を狙っても幸せになれない

「パートナーがいないと一人前じゃない！」

女性の場合、恋愛や結婚が人生の目的やゴールになってしまいがちですが、パートナーを得ることは、人生の目的でも幸せでもありません。
あなたはあなただけで幸せになれる存在だからです。
寂しさや足りないものを埋めてもらおうとしたり、あなたの将来の責任をとってくれる人を探すという観点では、いつまでたっても理想的なパートナーシップを築くことはできません。

パートナーはあなたの不安を取り去ったり、不足感を埋めてくれる存在ではなく、

今ある幸せを増幅してくれる存在です。

一人より二人のほうが楽しいことはたくさんありますよね。話をしたり、食事をしたり、旅行に行ったり……。

一人よりも二人でいることで何倍も喜びが増えるのが、パートナーといる意義でもあります。

まず、自分ひとりでも、これだけ人生が充実して楽しい！という状態をつくっていくことが大切です。

誰かに幸せにしてもらおう、という思いがなくなったところで、あなたは最高に幸せな関係を手に入れるでしょう。

不足を埋めるために愛があるのではありません

あなたが「今」幸せにならなければ、幸せになることはできません。「今」のあなたの状態が現実を引き寄せるからです。

未来に幸せがあるのではないのです。

幸せは、つねに「今ここ」にあります。あなたが、その幸せに気づくかどうかだけなのです。

そして、頭で考えて意図的に結果を狙ったとしても、いい現実は引き寄せられません。他人や未来をコントロールしようとするとき、「今、幸せでない」「今、不満である」からそうしてしまうのです。

「この人と付き合いたい（＝付き合ってないと幸せじゃない）」「この人と結婚したい（＝結婚しないと愛を証明できない、完全だと感じられない）」という思いは、「今、愛がない！」と宇宙に放っている状態です。あなたが「愛がない」と放っていたら、そのままの現実を受け取ってしまうのは当然なのです。

「結果を狙っても幸せは引き寄せられない」「今幸せになるしかない」。これを法則として覚えていてください。

波動が上がってくれば、自然と、「この人でなくてはいけない」というような思いは消えていき、自然と愛し合える人を引き寄せ、無理なくお付き合いに発展していくでしょう。

いっしょにいられるだけで幸せ

繰り返しになりますが、結婚＝幸せではありません。

これは、頭では理解はできても、実感するのはなかなか難しいと思います。

私も結婚していますが、結婚している人が言うと、幸せじゃなかったらなんで結婚したの？ということになり、説得力がないかもしれません。

ですが、本当に結婚しているかしていないかは、幸せとはまったく関係がないので、どんな人が言っているかということをはずして、読んでみてください。

本当に、「結婚」という「枠」や「形」そのものが幸せ、ということでは決してないのです。あまりにも、世間が「結婚」そのものが幸せのように、「結婚」することが当たり前のように煽り立てるから、勘違いが起こるだけなのです。

あなたが幸せなのは、目の前の人といっしょにいられる喜びを、あなたが感じるから。あなたが幸せなのは、自分の喜びや相手の喜びを、分かち合って喜びが大きくなる

から。

未来の約束が、あなたを幸せにしてくれるのではなく、今、目の前で感じること、それが幸せです。

今、結婚を望んでいる人は、結婚するために会ったり、いっしょにいるわけではなく、会いたいから、いっしょにいたいから、顔を見たいから、話したいから、好きだから、そうするだけ。

そんなふうに、目の前の人、毎日の日々を大切にしてみましょう。

すると、あなたの本当の望みは、恐ろしく簡単に叶うでしょう。

法則14

結果はコントロールできないが、毎日を大事に過ごすと、本当の願いが叶う

6 知り合うこと自体が強力な縁

「運命の人」という幻想

運命の人、ソウルメイト。そういったロマンチックな話は恋愛に対する思いを強くしてくれるものですね。

「彼はソウルメイトなのか？　運命の人なのか」

そういう質問をよく受けます。

「運命の人」はいるかもしれませんが、それは結果論です。あなたがこの人生の終盤に差しかかったり、終わろうとするとき、「ああ、あの人が運命の人だったな」とわかるでしょう。

「この人でなくては幸せになれない、たったひとりの人」という意味の運命の人はいないと思っておいたほうがいいです。

「運命の人」という響きには「この人がいなければ幸せになれない」「運命の人に出会って幸せにしてもらおう」という意味がふくまれてしまいます。

ひとりでも幸せになれるのですから、この人でなくてはいけない、ということはないのです。

「運命の人を引き寄せたい！」という思いの裏には、「今最高のパートナーを引き寄せていない」という本心がありますね。その本心の通り、「最高のパートナーがいない自分、欲している自分」を引き寄せてしまっています。

運命の人に会う前に、自分がまず幸せになっていなくてはいけません。自分が幸せの発生元になったうえで、パートナーに出会うともっと幸せになることができます。

出会う人はみなソウルメイト

以前、見えないものが見える方に、たまたま夫と私の関係を見てもらう機会がありました。そのとき、「あなたがたは二人でひとつのツインソウルだ」と言われましたが、「ツインソウルかどうか自体はあまり重要ではないな」というのが私の感想です。

ツインソウルといっしょになれば幸せになれる、と思っていたら、それは「今が不完全」と言っているのと同じ。そして、そう思っているとやはり不完全な状態を引き寄せてしまうのです。

あなたのこれまでの人生で出会った人たちは、好きな人も嫌いな人もみんなソウルメイトです。ご縁があって出会っているのです。

特定の人が運命の人であってほしい、という気持ちはわかりますが、その考えにしばられてもいいことは何もありません。

結果的に運命の人だった、ということはもちろんあるかもしれませんが、自分の執着を強化するために「運命」を持ち出さないほうがいいのです。

逆にあなたが、自分の人生を生きていると、自然と出会います。

「目の前にいる人」を大切にしていく

法則15

運命の人かどうかを気にする必要はない。目の前の人が運命の人

「この人でいいのかな……」。恋をしていると何度も迷う場面が出てきます。

ですが、正解を選ぼうとする必要はないんです。**あなたが選んだ人が、そのときの正解**です。あとで変わってもかまわないのです。正解、不正解はありません。

運命の人や正解を選んでお付き合いしようとするよりも、「今、目の前にいる人」を大事にしていくことです。

逆に、今付き合っている人や結婚している人が運命の人とも言えます。

これだけの人がいる中で、強力な縁がなければ、お付き合いや結婚にいたることはないのですから。

7

「気持ちが上がる」自分磨きなら効果大

「好かれるため」では波動が下がる

よく、良い出会いを引き寄せるためには自分磨きをしたほうがいいんですか、それともありのままでいいんですか？という質問をいただきます。

自分磨きというと、ダイエットをしたり、料理を習ったり、エステに通ったり、ネイルをしたり、洋服を着こなしたり、などなどいろいろありますね。

自分磨き、大いにけっこうだと思いますが、ここでも気をつけたいポイントがあります。その自分磨きは「異性に好かれるため」なのか、「自分がしたいからしている」

なのか、どちらなのか、ということです。

もし良い出会いを引き寄せたいのなら、「自分がしたいからしている」自分磨きをしてください。「この服かわいいから着たい！」「このネイルかわいい！」「洗練された大人の女性の装いがしたい」。そのように、自分の気持ちがワクワクして、楽しいから自分磨きをする、という感覚が大事です。

「彼は芸能人の○○が好きだって言っているから、私もそういうふうになる！」と好きな人に合わせて化粧や服装を変える人がいますが、あまりよくありません。

なぜなら、幸せの基準が「相手が喜ぶかどうか」になってしまっているからです。

好きな人が喜ぼうが喜ぶまいが、自分自身がファッションや自分磨きを楽しむ。

この姿勢がとても大事です。

ありのまま、したいようにする

自分がやりたいから、自分磨きをしてしまうのもありのまま。

特に自分磨き的なことはしたくないから何もしないのもありのままです。

どちらでもあなたはあなたのままで、したいようにすれば大丈夫です。

ただ、あなたが毎日の生活にウキウキしている状態をつくれるようになってくると、自然と、自分が居心地のいいファッションやメイクで、外見ももっと自分を輝かそう、という思いが出てくるものです。

そして、自分の基準にしたがって、自分磨きをしていると、自己肯定感が上がっていきます。

自分が自分でいることがゴールです。

何にも振り回されず、何かが起こったとしても何とかなるさ、と思える。いつも自然体でのびのびとしていて、誰かに無理に何かを求めるということもない。リラックスしている自分を十分に楽しんでいて、毎日に喜びを感じている。

あなたが自然体でいるとき、心のままにいろいろなことを表現することができます。

本当に魅力がある人というのは、「パートナーがいてもいなくても関係なく、輝いている人」です。 自分が楽しくてウキウキして、前向きに生きていて、輝きを放っている。だからたくさん人が寄ってくるのです。

そのように、あなたが最高のパートナーと出会うとき、必ずあなたは自分らしく人生を楽しんでいるのです。

輝きは自分から放つ以外に方法はありません。

ぜひ、自分が楽しくなれる何かを見つけてください。

法則16

今の自分で十分だと思えたとき、輝きのオーラがあふれ出す

8 「本当に求めている愛」に気づく

「こんなに好きなんだから、もっと愛して」

「不足感から求める」心のクセをなくさないと、本当にほしいものは得られません。ものも、お金も、人間関係も、すべてそうです。

すごく渇望したから、強く望んだから、手に入るのではなくて、今ある幸せや豊かさを感じ、願いが叶うかどうかが本当にどちらでもよくなると、「本当にほしいもの、本当に必要なもの」が手に入ってしまうのです。

たとえば、恋人など、好きで好きで、求めてうまくいった例もあるかもしれませんが、好きで強く求めたから、うまくいったのではなくて、相手を強く好きな気持ちと同じくらい、自分も満たされていたからうまくいったのです。

好きで好きで、でも相手に求め、満たしてもらおうとしているだけだと、うまくいきません。そのような状態ですと、仮に恋人関係にはなったとしても、どこかでひずみが出てきます。

なぜかいつも自分が損をしているような気分で、相手への要求が多くなって、関係がぎくしゃくしてしまったり……。そうなると、せっかくお付き合いできても全然幸せではないですよね。


それでもやはり好きな人と「付き合う」「結婚」など、形にしたいと思ってしまう。そう思うのであれば、**まずは、その人との現時点での関係を心から楽しみ、与えてもらっている幸せに感謝すること**です。

ここで注意しなければならないのは、**「楽しい気持ちでいるんだから、感謝しているんだから、付き合ってくれるはず。結婚してくれるはず」など、結果のために感謝しようとしないこと。あなたは、楽しいと心から感じているその時点、心から感謝している時点で幸せ**なのです。

求めれば求めるほど遠のくもの

あなたのほうからはあえて何も具体的な行動はとらなくても、好きな人のいいところを見つけてにやにやしていたり、好きな人に関すること以外にも楽しいことを見つけて毎日をイキイキと過ごす。

周囲の状況がどうあっても、自分の幸せを主体的に選べるようになったとき、自分が自分でいい気分を選択できるようになったとき。そのとき、あなたの波動は高い状態です。

あなたの波動が高く幸せであれば、あなたに出会った人は、この人といれば楽しいなあ、幸せだなあと感じるのです。そして、この人といっしょにいたい、と向こうから望んでくるようになるのです。

そのように、人は自然と引き寄せられてきます。あなたの波動次第で、自然と良い出会いや良い状況が出てくるので、あえていい人を引き寄せるぞ〜！なんて頑張る必要はまったくありません。

逆に、あなたが求めなくなればなるほど、引き寄せてしまうのです。

「好きな気持ちにさせてくれてありがとう」

結果は気にせず、好きだというその幸せの状態に自分をできるだけおいておければ、あなたにとって良い方向へ必ずいくでしょう。

「こんな気持ちにさせてくれてありがとう」そこまでいけるとなおいいです。これは好きな人を引き寄せる最高の方法です。

でも、何度も言いますが、そこでとめてくださいね。

そこから期待や執着が入り始めないようにするんです。恋愛というカテゴリーはそこが一番難しいところではあります。好き、という気持ちの中に、どうしても独占したいという気持ちが入りやすく、簡単に執着へいってしまいますから。

自分を良い状態にコントロールした結果として、最初から望んでいたものを手に入れた、ということは多々起こりうると思います。

「結果はコントロールするものではない」ので、「その人」が恋人になるかどうかはわかりません。ですが、良い状態にコントロールしさえすれば、結果的にあなたがいっしょになりたいと思っていた人といっしょになることは多々あります。

好きな人と100%確実に恋人になる方法を教えてよ、という方には残念かもしれませんが、**好きな人と両思いになる方法を探す時間があるのなら、自分の良さを探したり、相手をただ好きだと思っているほうが、よほど良い現実を引き寄せます。**

いずれにせよ、あなたは、間違いなく最高のパートナーと最高の人間関係を築けます。自分の波動が高くなってくると、つながりや縁もわかるようになり、うまくいく人をピンポイントで好きになるので、心配する必要は何もないのです。

法則17

与えてもらっている幸せに感謝すると、本当の愛がついてくる

第3章

「その人」と本物の愛を育てる法則

1

恋愛は引き寄せてからが、本当の勝負

最初は完璧な人に思えたのに…

この章では、好きだと思える人に出会ってから、その人といい関係を築いていく方法をご説明します。

せっかく、最高のパートナーを引き寄せたと思って結婚したのに、数年経ったら不満だらけ……。あまり、独身の方の夢を砕きたくはないのですが、実際そのような既婚カップルはかなり多いのも事実です。

不満の多い状況を改善するには、基本的にはこれまでと同じで、今の状況の中から、少しでもいいからいい気分になれることを自分で探し続けることです。

相手をよく観察して、相手のいいところ、好きなところ、ほめてあげたいポイントを自分で積極的に探すということです。

無理にそう思うのではなくて、小さくてもいいので、本当にいいな、と思えるところを探していきます。

外見で好きなところや、「明るい」「真面目」など性格的なところ、「ゴミ捨てだけはやってくれる」「忙しいけど、自分のことを気にかけてくれる」「仕事を頑張っている」「趣味が豊富」など、日常的な些細ないいと思えることも、今まで目を向けていなかっただけで、探せば必ずあります。

いいと思える部分がひとつもないようでしたら、別れた方がいいかもしれません。

毎日いろいろあるとは思いますが、相手のいいところを探さずに、不満ばかり言って、不満な面にばかり目を向けて、文句ばかり言っていたら、関係がうまくいくことは絶対にありません。

私自身も自分の夫となると、時には難しいこともありますが（笑）。

「やってくれないこと」「あんまり好きじゃない部分」に目を向け、そこを変えさせようと必死になってしまいがちですが、自分もふくめ、完璧な人なんていません。

あなたの要求を100％満たしてくれる人は、この世に存在しないのです。

パートナーといい関係を築いて、幸せに生きていくためには、**相手に変わってもらうのではなくて、あなた自身が、「相手がやってくれていること」「相手を好きだなと思えるポイント」を自分から見つけていき、そこに感謝を感じていく**ことが必要です。

これは、**自分から積極的に愛を発している状態**だといえます。

つい「嫌なところ」探しをしてしまう…

そして、いいところ、ほめるところを探して、相手に伝えると一番いいかと思いますが、面と向かって言いづらかったら、心の中で言うだけでもいいんです。見えないところですべてはつながっているのですから。

これは、相手に関係なく自分でできますよね。

一度だまされたと思ってやってみてください。その後の相手の言動、態度に必ずちがいが出るはずです。一日一回でもいいので、続けてやれば一ヶ月後には大きな変化になっているでしょう。

私も夫と少しぎくしゃくしてしまうときなど、「ここは不満だけど、でもこんなところや、あんなところはいいな。こんなことしてもらったな、ありがとう」と思い出すようにしています。それだけで、自動的にいい関係に戻っていきます。

小さくてもいいからほめられるポイントを自分で積極的に探し、相手をほめて感謝する。そしてそれを続けていくことがパートナーとうまくやっていく幸せのコツです。

「引き寄せ」というと、何かテクニックを駆使して現実をあっという間に変えてしまう魔法のように思っている方もいるかもしれませんが、そうではなく、**いたって当たり前の普通のことの積み重ね**です。普通のことができないから、幸せを自分から逃がしてしまっているだけで、引き寄せに特別な秘密なんてありません。

小さな幸せ探し、小さないい気分探しが、あなたの現実に奇跡のような素晴らしいことを起こします。

心の中でほめるだけ。一ヶ月後、大きな変化が

愛してほしい、と求めている人が多いですが、愛してほしかったらまず、自分から愛しましょう。

愛するとは具体的にどうすることでしょうか？　相手の機嫌をとったり、とにかく相手に合わせたり、相手に何かしてあげることではないと思います。

愛するという状態は、相手の良い面を見ること。相手の幸せを願えること。相手がやりたいことをやる自由を尊重すること。その人がその人自身の人生をつくっていくのを尊重することです。相手の自由を最大限に尊重するということは、相手に思いやりを持っている状態です。

相手に対して優しい気持ちや見守る気持ち、協力して人生を歩んでいくという気持ちを持っている状態と考えるとわかりやすいかもしれません。

何が起こったとしても、あなたがそのような気持ちを持っていたら、必ずパートナーとの関係は良い方向へ進んでいきます。

「ありがとう」の気持ちが関係を輝かせる

何かしてもらって嬉しいとき、何かほめてもらったり言ってもらったりして嬉しいとき、何かしてもらったわけでもないけど嬉しいとき。

そんなときは、ちょっと大げさにでも感謝の気持ちを表現しましょう。

嬉しいときは嬉しい、ありがたいときはありがとうと、感謝の気持ちを抱いているときというのは、愛を十分に受け取っている状態と言えます。

感謝の気持ちを抱くときというのは、今ある幸せをしっかり受け入れている状態なのです。

法則18

好きな人のいいところを認めるとずっといい関係でいられる

2
「してくれること」で愛情をはからない

「どうして○○してくれないの！」

最初はただいっしょにいれるだけで、話せるだけでうれしかったはずなのに、「誕生日プレゼントがほしい」「旅行に連れて行ってほしい」「もっと好きだと言ってほしい」など「○○してほしい」という要求や期待が出てきてしまうことも多いと思います。

その気持ちはわかりますが、これらの要求や期待がパートナーとの関係をうまくいかせるのを邪魔する原因のひとつになっています。

旅行や映画など、自分が行きたいもので、彼といっしょにいることでもっと楽しめそう、という純粋な思いなら自然と叶います。あなたがやりたいこと、ワクワクすることは実行しましょう。

自分がそうしたいからとか、単純に彼を喜ばせてあげたい（実際に彼が喜ぶかどうかではなく、自分がそうしたいのかどうか）という思いなら、楽しい時間を過ごせるはずです。

自分でできることは自分でする

ですが、「私の彼だったら、こうしてくれて当然」「世間的にはこうするのが常識」といった、彼の愛情を行動や態度ではかる気持ちで何かを要求する場合、彼はその通りにしてくれることもあるかもしれませんが、二人の喜び、二人の関係にプラスに働くことはありません。

彼が何をやってくれるかで愛情をはかろうとする人もいますが、そんなもので愛情ははかれないし、はかる必要もないのです。

パートナーがしてくれる何かで愛情をはかろうとして、そして得られないとあなたの心はどんどん不安定になっていきます。

期待のあるところに不安が生まれるのは当然のことなのです。

もし今、彼があなたの望む行動をとってくれないとして、たとえば何かほしいものがあるなら、自分で買ってしまいましょう。もし旅行に行きたいなら自分で計画し、彼が行ってくれるならそれでいいし、行ってくれないなら友人と行きましょう。

自分でできることは自分でする。それが自分を大事にする、自分を満たしていくということです。するとどうなるでしょうか。

満たされたあなたの波動に反応して、彼のほうから行動してくれるようになります。あなたが自分で自分を満たそうとすればするほど、彼もあなたを大事にしてくれるようになるのです。

そして、多くを要求しないあなたを彼はとても心地いいと感じるでしょう。

パートナーは何かをしてくれる存在ではない

恋愛関係や夫婦関係において、「〇〇してほしい」というのは、協力して生きていくうえである程度は仕方ないかなと思います。しかし、基本姿勢は、**自分の要求は自分で満たす。**その基本姿勢がしっかりしていれば、おたがいが協力するところや、おたがいに補い合うところなど、自然とでき上がっていきます。

問題なのは、過度に相手に要求すること。それはたとえ言葉にしなくても、あなたの雰囲気から伝わっているはずです。期待される側、要求される側は「求められる＝自由でない」波動を受け取ります。すると、ただ逃げたくなるだけなのです。

あなたは、何らかの見返りのために、相手を好きになったのではないと思います。好きだから、好きなのですよね。

何かあったら、初心を思い起こしてみてください。少し気持ちはやわらぎます。

パートナーはそもそも、あなたに何かしてくれる存在ではなくて、あなたが愛する存在なんだ、ということを思い出しましょう。

あなたが、そのように愛した結果、もちろん、素晴らしいものが返ってきます。

しかし、見返りありきではなく、あくまで「あなたが与えたら返って来る」のです。

相手にばかり意識が向いていませんか？

今、好きな人やパートナーがいる人は少し考えてみてください。

その人のこと（いいことも悪いこともふくめ）と自分のこと、どちらのほうが多く考えていますか？　その人と自分、どちらのほうが好きですか？

ここで「自分」だとはっきり言える場合、パートナーとの関係もふくめ、あなたの人間関係にあまり問題はない状態でしょう。

そう言えるようになればなるほど、問題は少なくなってきます。

逆に、パートナーとの間に問題があって悩

んでいる、という場合でも、パートナー自身に問題があるわけではないので、自分自身についてよく観察してみてください。

相手のいい部分を見て、いい気分を積極的に選択するようにしているか、日常生活を楽しんでいるか、やりたいことをちゃんとやっているかどうか。

自分と向き合うことははじめのうちは少し努力が必要です。

ですが、慣れてしまえば気づかないうちに自分の気持ちを観察することができるようになっていきます。そして、現状のより良い部分に焦点を当てることができるようになり、以前よりもずっと他人や状況に振り回されずにすむようになります。

パートナーについて何かを考えたいとすれば、いいところを探すだけでいいんです。

それ以外は、自分の視点や気分の選択に注意を向けておきましょう。

してあげたい、の裏に…

たとえば、純粋に「何かをしてあげたい！」「彼を手伝ってあげたい！」と思ったとして、その気持ちは大事ですが、見返りを求めてすると、幸せとはちがう方向に行ってしまいます。

彼に何かをしてあげたくなったときは、**自分がしたいからする、自分がしたいことができてよかった**、そう思ってすることが大事です。

そしてもし、彼がそれに喜んでくれたら、喜びが二倍になったことを喜びましょう。

しかし、「自分を犠牲にして、彼のためにやる」「○○してあげたんだから○○してくれて当然」のように見返りを求める。そんなふうに何かをするんだったら、やらないほうがましです。

うまくいかない状況をなんとかしようとするのではなくて、自分の見方を変えること。これが幸せの近道なのです。

法則19

うまくいかない状況を「なんとかしよう」としないと逆にうまくいく

3
駆け引きを始めると、幸せがどんどん逃げていく

彼からのメールを気にしすぎてしまう…

最近よく聞く悩みが、メールのことです。

「彼がメールをくれない」「メールが短い」「既読スルーのまま三日たった……」

好きな人のメールに一喜一憂して、振り回されてしまっている人もいるかもしれません。そして、自分からメールをしすぎると相手が引いてしまうんじゃないか、など自分の気持ちを押し殺したり、相手の反応を見たくてわざとメールの返信を遅らせたりなど、恋の駆け引きに突入してしまう。

結論から言うと、恋の駆け引きは、あなたが本当に望む恋愛を手に入れるためには

まったく意味がなく、メールや連絡の内容、回数などは気にする必要はないのです。

自分が楽しく生きていたら、メールは自然なタイミングででき、自分の生活が充実していたら、メールの頻度はそれほど気にならないはずです。

メールや連絡のことでモヤモヤしてしまう場合、好きな人との関係がうまくいっていないのではなくて、**あなたが本来集中すべきこととは別のことをしてしまっている、**と考えてください。

ただ恋に執着してしまっているのです。

引き寄せの大原則として「結果をコントロールしようとしてもいいことがない」ので、自分が何かをしたり、しなかったりすることによって、相手の気持ちをコントロールしようとしても良い結果になりません。

日々自分自身の感情を大事にすることを心がけ、いいこと探しをすることで、必ず目標が変わってくるはずです。

不安なときは行動しない

「私のこと大事に思ってくれているんだろうか」「他に誰かいるのでは」「自分は嫌われていないかな」と、不安から相手に対して何か行動してしまいそうになったら、自分をとめてください。

不安や嫉妬から行動しても、良い結果にはなりません。

不安や嫉妬にかられたら、自分の仕事や趣味や、やりたいことに没頭するようにしてください。自分を忙しくして、少しでも彼のことを忘れる時間をつくるのです。

不安な気持ちを少し放っておいて、自分の人生を楽しんでいると、どのようなタイミングで連絡したり、行動したらいいかわかるようになります。絶妙なタイミングを自然とはかれるようになるのです。

嫌われたくない、相手に認めてほしいという思いは、自分で自分をしっかり認めていないから起こること。

まずは自分の気持ちをしっかり見つめて、受け入れて、楽しいことに取り組む、いいこと探しをすることを徹底しましょう。

そして、何か行動を起こすときは、相手の反応を期待しない。ただ自分が連絡をしたいから連絡をしている、やりたいことをやっている、と自分で主体的に行動しているんだと考えられるようになったら、相手の反応はそこまで気にならなくなってくるものです。

自分がしたことで、もし相手が喜んでくれたら嬉しいな、喜んでくれなかったとしても、自分がやりたいことをできてよかったな、と思うぐらいでちょうどいいのです。

法則20

平常心は関係を安定させる

4
「結婚」に何を求めていますか？

「一生ひとりだったらどうしよう…」

「結婚＝安定＝幸せ」という構図があるかもしれませんが、しかし、結婚したからといって幸せになるとはまったく限りません。

結婚したら自動的に幸せになるわけではない、ということは、既婚者であれば誰もがわかっていることですが、結婚していないうちは気づくことが難しいこともあるかもしれません。

もちろん、結婚して幸せなカップルもたくさんいます。しかしそれは、「結婚したから」→「幸せ」なのではなく、結婚生活の中に、お互いが幸せを見出し、おたがいが相手との生活を楽しもうという姿勢でいるから、幸せなのです。

結婚して幸せな人は、結婚していなくても幸せです。

目の前の生活に幸せを感じていない人が、結婚したらいきなり幸せになるということはありえません。今の状態がすべてを引き寄せますし、人生というのは今の積み重ねだからです。


結婚して、なおかつ幸せになりたいのであれば、まず、今の現実の中で楽しみましょう。自分で自分を幸せにしましょう。

幸せは幸せを連れてきて、そして、あなたの望みは叶うのです。

結局のところ、恋愛や結婚であなたの幸せは決まらない、ということです。

恋愛はあなたの人生に彩りを加えてくれ、喜びを増幅してくれるものですが、決して恋愛や結婚があなたの人生を支配するものではないのです。

安定したいという焦り

この本を読んでくださっている方の中でも、切実に「結婚したい！」と思っている方も多いことでしょう。

「パートナーと付き合って五年以上経つのに、結婚する気配がいっこうにない」

「結婚できるのだろうか……。子どもだって産みたいし」

そんな声も多く寄せられています。


あなたさえ、自分を自分で幸せにしていれば、本当の望みであればどんなことも実現可能です。すべて、あなたが心から望むことは引き寄せられます。


ですが、今付き合っている人にプロポーズされたいと思っていても、「○○さんにプロポーズされて結婚して幸せを引き寄せる！」という考えでは、いつまでたっても宇宙に願いは聞き入れられないでしょう。

それは、「私はひとりでは不完全です！」「今幸せじゃないんです！」と宇宙に宣言しているようなものだからです。

ほしい、ほしい、と強く求めている状態ですと、そのまま、ほしがっている状態が現実になってしまいます。

あなたはなぜプロポーズされたいのでしょうか。

付き合っている年数が長いから？　年齢的な問題？　とにかくだいぶ待ったから？

その裏にある気持ちには「彼といっしょにいたい」という気持ちよりも、「自分ひとりでは安定していないし、世間体的にも結婚したほうがいい」という焦りがあるのではないでしょうか。

パートナーと結婚することによって、一生自分だけを見てもらえるという保証が得られると、「形」にこだわってしまっている人も少なからずいるでしょう。

結婚をゴールにしないのが結婚への近道

ここではっきりと申し上げておきたいのが、結婚は「幸せのゴール」ではないということ。結婚したからといって、自動的に一生楽しく幸せ、なんてわけはありません。現に、日本では離婚してしまうカップル3組に1組はいるということです。

「○○さんと結婚したい」。この思いが執着となって、その執着の結果で結婚することができる可能性はありますが、執着の思いから結婚しても幸せになれることはないでしょう。

「彼のことは大好きだし……だからずっといっしょにいたい」

そんな純粋な気持ちももちろんあるはず。

もし、あなたが今のパートナーと結婚したいと考えているなら、今いっしょにできていることを楽しむべきなのです。

・話したりいっしょに過ごす時間は楽しい
・こんなことをしてもらった
・こんな部分が好き

結婚しているか、いないかが重要なのではなくて、「今の彼との関係の中にある幸せや楽しさ」に目を向けるということです。

そのうえで、こんなにいいところがあるパートナーと家庭を持って、子どもをいっしょに育てられたら楽しいだろうな、と思い描く。このような気持ちで、自分の波動を高めることが大切です。

そうして彼との毎日を笑顔で過ごしていたら、自然と結婚という流れになります。結婚をゴールとするのではなく、今ある関係を楽しむことが、実は結婚への一番の近道なのです。

毎日を充実させれば自然ともたらされる

「そうはいっても、もう十年以上付き合ってるんですが！」と、もう限界まで達している人もいるでしょう。

こういう人にこそ、とにかく自分に集中し、自分自身の波動を高めることをおすすめします。

十年以上も相手が動かなかったからこそ、「相手に期待するのは今すぐやめる」決断ができるはずです。これまでと同じようにしていても、事態は変わらないことは身をもってわかっていることと思います。

この状態を自分の望むものへと動かすには、自分が変わらなくてはいけません。

もしあなたが自分ひとりでも充実して楽しい生活を送れるようになったとき、運命は二択を用意してくれるでしょう。
それは、今の彼が結婚を申し込んでくるか、もしくは今の彼が離れてもっとあなたに合った彼が現れ、とんとん拍子にうまくいくか、です。いずれにしても、あなたが望む人生を幸せに思い通りに生きていける道です。

最高のパートナーを引き寄せる方法は、第2章でもご説明しましたが、とにかく「ただこの人といて楽しい。嬉しい。好きだ」ということを感じ、表現することに重点をおくことです。

結婚は、自然の流れに任せればなるようになります。本当に大丈夫です。結婚は、まったく難しいことではありませんし、人生を決めてしまうものでもありませんので、気楽にいきましょう。

逆に、結婚を狙えば狙うほど、あなたが求めている幸せから遠のいてしまいます。
狙って結婚という形を手に入れる人もいますが、幸せを引き寄せているとは言えません。「こんなに尽くしてきたのに！」と相手に見返りを求めても、何も得られるものはないどころか、あなた自身を傷つけてしまうのです。

法則21

結婚はあなたのタイミングで必ずできる

恋愛や結婚を目的にしてしまうと、必ず苦しくなります。恋愛や結婚は自分が充実していれば、自然ともたらされるもの。

まずは、自分自身がワクワクできる何かを探してみてください。

小さなワクワクで大丈夫です。

「誰かと結婚したい！」という気持ちが、自分と向き合うきっかけになると、事態は良い方向へ進んでいきます。

5 相手を変えようとする言葉は、マイナスの波動

傷つくことを言われたとき

パートナーとの関係が安定してくると、恋愛のドキドキがメインだった関係から、安定した愛情関係にうつっていきます。

そして、初心を忘れがちになり、不満が出てきてしまいます。

出会った頃は優しかったのに、今は外出も少なくなってしまったし、あまり大事にされているような気がしない。自分のことをもう好きじゃないんだろうか……。

そう悩んでしまう方もいますよね。また、

「ちょっと太ったんじゃない」

「隣の奥さんはかわいい」

など、相手の言葉に深い意味はないとわかっていても、ちょっとしたことに傷ついてしまうことはあります。

嫌なことを言われたときに、相手の言動を改めてもらえるよう、何かを言い返してやめさせたほうがいいのでしょうか。

結論から言うと、相手を変えるために直接文句を言うことはおすすめしません。

「何かを言わないでほしい」と言うとき、必ず責める気持ちになってしまうでしょう。すると、相手は必ず攻撃し返してくるか、沈黙して逃げるかとなってしまい、結局解決にいたらず、あなたの気持ちは収まりません。

パートナーはあなたの責める波動＝低い波動に反応して、決して良い態度をとってはくれないのです。

「そういう人だから」とまるごと受け入れる

嫌なことを言われてショックを受けたり、嫌な気分になったりするのは当然です。

ですが、相手を責めることは、引き寄せでは絶対やってはいけないNGなのです。「うまくいっていない」「気分が悪い」という波動を宇宙に思いっきり発射することになり、また同じような好ましくない状況を引き寄せてしまいます。

「私は〇〇されるのが嫌です」

と、相手を責めずに気持ちだけを言えるのであれば、伝えてもまったく問題ありません。ですが、どうしても責める気持ちが入ってしまいますね。

なので、「こう変わってください」と相手に向かって発信し、責めの気持ちが入ってしまっているぐらいなら、何も言わずに気分転換したほうがいいのです。

一番いいのは、「気にしない」こと。

こういう人だから仕方ないと、いい意味であきらめてしまうことです。

パートナーに変わってほしいと思うのではなく、「そういう人だから」とまるごと受け入れると、逆に、あなたが本来望んでいるように変わっていくのです。

変えようとする限りは変わらないのでご注意を。

責めても何も変わらない

私の知り合いで「彼氏とのデートがいつも彼中心。いつも予定を当日にいれてきて困るし、そもそも事前に予定がわかっているはずなのに、急に言ってくるなんて、全然大事にされていない感じがして悲しくなる」と話している女性がいました。

こういった場合、「どうして私のこと大事にしてくれないの！　いつも自己中で最悪！」とどなりつけたくなる気分もわかりますが、パートナーを責めても何も変わらないどころか、「こっちはわざわざ時間あけてやっているのに、もう二度と会わない！」と、彼のほうも反発して、さらに悪い状況を引き起こしかねません。

そこで、「彼は忙しいのに、私に会おうとしてくれている」という、自分にとって嬉しい事実だけ受け入れましょう。

どんな状況でもポジティブな要素を探す練習です。「常識的に考えると私は絶対大事にされてない」など、世間一般の常識に当てはめないようにしてください。

大事なのは世間一般の常識ではなく、「あなたが、ものごとのいい面をみて、いい

気分でいること」なのです。

被害者意識になって不満や不安に気持ちを曇らせているとき、あなたの魅力は覆い隠されてしまっているのです。

彼を客観的に見つめる方法

また、彼の言動にしょっちゅうモヤモヤしてしまうのであれば、あなたとパートナーの距離が近すぎる可能性があります。

もし嫌な言動があった場合、試しに相手のことを「会社の取引先の人」と考えて二、三日放っておいてみるなど、余裕をもって接するようにしましょう。

会社の取引先の人であれば、あなたに何

か嫌なことをしたとしても、「まあ仕方ないか」と思えることも多いはずです。

それがパートナーだと、とたんに許せなくなってしまうのは、それだけ大事な存在ということもありますが、「パートナーだからこうして当然」と、相手に期待してしまっているからなのです。

自分を自分で幸せにする。このことを思い出してください。

パートナーの関係が一番うまくいく方法は、相手の言動をあなたが決めることではなく、相手をできる限り自由にさせることなのです。


自由選択の上で、楽しめるところだけいっしょに楽しむようにすると、すべてがうまく回るようになります。

法則22

気にしないとうまくいく

6 会えない時間は自分のことに集中する

「今、誰と会っているのかな…」


パートナーにされたら嫌なことの最たるものとして、「浮気」がよくあげられますね。

「大好きな人には浮気されたくない」

「他に好きな人ができてほしくない」

こう思う気持ちは、誰でも持っていることでしょう。

ですが、浮気されることを恐れて、「彼に絶対に浮気させない」と常時見張ってい たとしても、その行動はもっと浮気される現実を引き寄せてしまいます。

なぜ見張りたくなるのか。それは「彼が浮気する」と強く疑っているから。あなた

自身が、「彼は浮気する」と信じていたら、現実はその通りになるでしょう。

そして、何度も言いますが、相手をしばったり、コントロールしようという思いは、良い結果をもたらすことはありません。

パートナーを監視していないと、浮気してしまうのではないか……。

そのように、**あなたが信頼していない波動を出していれば、信頼できない現実が返ってくるのは当たり前**です。

そのように疑いの気持ちを持ち続けていると、あなたが出している波動の通り、悪い方向に引っ張られてしまうのです。

浮気されてしまう人の共通点

あなたがコントロールできるのは自分だけです。

浮気してほしくないなら、浮気については考えないようにするしかありません。

それには、やはり自己肯定力を高めていくことが一番重要です。

自分が自分自身を認め、そして満たしていれば、過度に浮気を心配する、ということはなくなります。

そして、とにかく、「私はあなたといてこんなに楽しくて嬉しい」という気持ちを感じていきましょう。

あなたがパートナーに依存したり、コントロールしたり、求めてばかりいるのではなく、パートナーといっしょに過ごしていること自体を楽しみ、そして感謝していれば、浮気に悩まされるということはないのです。

浮気をされるのは、あなたが自分のことを認めていないか、男は浮気するものだと信じているか、パートナーの存在によりかかっているか、今ある幸せを感じられてい

ないかのどれかです。

もし、あなたがパートナーのいいところを見るように努力して、いっしょに過ごしている楽しい時間だけに気持ちを合わせ、幸せを感じ、彼のいない時間は自分の楽しいことに集中する。このようにしていたら、たとえ異性の名前がでてきても、嫉妬などで苦しむことは減っていきます。

それが、相手を「信頼」している状態です。

本当にその人といるのが幸せであれば、相手の行動をしばる必要はなく、会えない時間も楽しめるのです。

もし「パートナーに好きな人ができたらどうしよう」と心配して考え続けているのだとしたら、**起こってもいないことを先回りして考えて心配しても、何も自分にとっていいことがない**ということを思い出してください。

寄りかからないから愛される

現実というのは自分の反映です。つまり、自分を認めれば認めるほど、現実が自分を肯定してくれるようになり、自分に愛を注げば注ぐほど、現実もどんどん愛に満ちていくのです。

自分の喜びは何なのか。何に幸せを感じるのか、何が好きなのか、何がしたいのか、どうすれば心地いいのかを知り、できるだけそれに沿って行動していきましょう。

やりたいことはやって、買いたいものは無理のない範囲で買う。食べたいものを食べる。できるだけ自分を満たすように心がけましょう。

また、自分で自分の中の良い面に目を向け、どんなときでも自分の味方になっていきましょう。

自分を大事にして、自分を満たすように毎日を過ごしていると、他人もあなたを大切にしてくれるようになります。結果として、彼もあなたを大切に扱ってくれるようになるでしょう。

できないところではなくて、できるところ。嫌いなところではなくて、好きなところ。それは何なのか考えてみてください。ノートに書き出してみるのもおすすめです。

また、自分では欠点だと思うようなところも、長所に変換できます。

たとえば、「仕事が遅い」といえば欠点のように聞こえますが、「丁寧に仕事をする」と言えばそれは長所になります。

自分で自分のいいところを見てあげていれば、人も、あなたのいいところを見てくれます。そして、あなたのことを好きになっていくのです。

法則23

自分を大事にすると浮気されない

7 しばればしばるほど、心は離れてしまう

誰のことも自分のものにはできない

浮気されたくない、という思いは誰にでもあるかもしれませんが、そもそも、浮気は悪いことなのでしょうか？

恋して夢中になってしまっているときは、その人でなくてはいけないし、その人が自分のものになってほしいと思ってしまいがちですね。

でも、あなたは決して誰かを所有することはできません。この考えを完全に捨て去ることは、特に恋愛関係や婚姻関係、親子関係においては難しいことかもしれません。

しかしあなたの恋人であっても、配偶者であっても、子どもであっても、あなたの

ものではないのです。

あなたは、もし恋人があなたのものでなくなってしまったら、誰かのものになってしまうと恐れるかもしれません。恋人が誰か別の誰かを愛してしまうと恐れるかもしれません。しかしそもそも、**誰も、誰のものでもない**のです。

本当の愛は自由です

常識的な概念からはかけ離れるかもしれませんが、付き合っていたとしても、結婚していたとしても、誰かを好きになることは本来自由だと思います。

たとえ結婚していたとしても、ともに生活していたとしても、他に好きな人ができるときはできます。恋愛は、頭で考えてするものではなく、心が勝手に惹かれて好きになってしまうものだからです。心は自由です。

パートナーに対し、「この人は私のものだ」という所有意識や、「自分以外の誰かを好きになってはいけない」「私だけを見ていてほしい」というのは、愛ではなくて、愛の制限なのです。エゴに支配されている状態でしかありません。

愛とは、おたがいをしばることではなく、自由であり、許容ではないでしょうか。異性ではなくて、同性の友だちの話だったら、誰を何人でも好きになっても自由ですよね？

そして、好きな人がたくさんいれば、それだけ喜びも広がります。それなのに、なぜ異性関係になるとひとりだけしか愛してはいけないのでしょうか？

相手も自分も自由です。自由が前提のうえで、今はこの人との関係を築きたい、そうお互いが思うとき、素晴らしいパートナーシップが展開されるでしょう。

パートナーの心変わりを恐れない

もし、浮気という事態になってしまったとしても（そんなことは考える必要はないですが、実際に起こってしまったあとの場合です）、あなたもパートナーも、どちらも悪いわけではありません。誰が悪い、ということではないのです。

自分の望む人生を引き寄せていくには、「ものごとを善悪で判断しない」というこ

とが大事です。

もちろん、浮気されたら悲しいし、怒りもわき起こるでしょうし、最悪な気分になると思います。ブラックな思いや感情もいろいろ出てくるでしょう。

それはもう、そうなって当たり前ですので、そのまま、こんな思いを持っている自分でもいいのだ、と思って認めてしまいましょう。

大事なのはその後です。

パートナーが自分以外の誰かを好きになることは、もちろん、どうしようもなく悲しいことではありますが、それは必ずしも悪いことではありません。

浮気が原因で今のパートナーとお別れして、そして、より自分に合う新しいパートナーがまた現れる、なんてことはよくある話です。

表面上、悪いことが起こったとしても、それがどんな素晴らしい未来につながっているかはわからないのです。

そして、そのときあなたが考えるべきは、**「彼に浮気をやめさせるにはどうしたらいいか」ではなくて、「自分はどうしたいのか」**。それを考えることです。

つまり「それでも自分はこの人が好きなのかどうか、いっしょにやっていきたいと思っているのかどうか」です。

人生の主導権はあなたにある

パートナーがいないとダメ、になってしまうわけでは決してありません。

自分はひとりでも完全だ、ということを思い出しましょう。

そして、どんな状況でも自分で自分を幸せにできるんだ、ということを思い出しましょう。

それどころか、**「嫌なものは嫌だ」とはっきりとけりをつけたら、波動は良い状態へと改善し、そして、また新しい素晴らしいパートナーを引き寄せる**でしょう。

また、浮気をされたとしても、まだ好きだと思うなら、相手をまるごと受け入れましょう。

浮気の事実は横に置き、あなたが彼のことがまだ好きで、うまくやっていきたいのなら、彼のいいところを見ていけばいいのです。

浮気した彼をそのまま受け入れることはなかなか難しいかもしれませんが、責めても何もいいことはありません。

責め続けるよりも、心から彼のいいと思える部分に目を向けるほうが、心が晴れていくことは間違いありません。

そもそも浮気は、あなたが愛されなくなったのではなく、あなたへの愛情はそのままに愛が広がっただけ、という考え方もできます。

いずれにせよ、主導権はあなたにあります。

パートナーとは関係なく、自分はどうしたいかにしたがって行動することが、浮気問題に悩まされない最重要なポイントです。

どういう結果になっても幸せになれる

もし、パートナーが、浮気ではなくて、本気で別の誰かを好きになってしまった場合、悲しいけれど、自分の好きになった人の幸せを祈ることしかできません。

難しいですが、「よかったね、いい人が見つかって。さようなら」とそっと見送るしかないのです。

これは、こうしなさいということではなくて、私ならそうするということですが……。もし、夫に誰か本気で好きな人ができたら、私にはどうすることもできないと思っています。結婚という契約で相手の自由をしばることはできないのは、わきまえているつもりです。

その場合の選択肢は、それでも受け入れるか、離れるかの二択しかありません。

でも、そんなふうに、本当に相手の幸せを思える状態のとき、あなたは愛を発する波動にちゃんとなっています。

その状態であれば、必ず愛を引き寄せますので大丈夫です。

可能性としては、ほどなく彼があなたの元へ戻って来るか、新しい愛し合える人に出会えるかどちらかになります。

法則24

相手の幸せを願えるとき、あなたは幸せを引き寄せている

8 関係に「はっきりした形」がほしくなったら

恋人未満の曖昧な状態に疲れた…

付き合っているのか、付き合っていないのかわからない、友達以上恋人未満の状態が長く続いてしまっている、という悩みもあるかと思います。

特に告白もなしに関係ができ上がった場合、「私の存在って何なの？」と相手に思いをぶつけてしまったことがある人もいるでしょう。

曖昧な状態だと不安定になってしまい、形にしたいと思う気持ちはわかります。

「私って恋人なの？　友だちなの？　いったい何？」と自分の存在価値がわからなくなってしまうのですね。

ここでまず自分自身に問いかけてみてください。

なぜ曖昧な状態ではダメなのでしょうか。

相手を純粋に好きで、その幸せを感じることができていれば、共有できる時間があることがすでに嬉しい、という気持ちになれますね。

相手に何かをしてもらうことを望んでいる、ということは純粋な愛以外の執着や期待や不安などが、気持ちに入り込んでしまっているといえるでしょう。（だから、曖昧な関係になってしまうと言えるのですが……）

今を楽しむことができず、白黒はっきりつけたいと思っている状態は、相手や未来に幸せにしてもらおう、自分を認めてもらおうとしている状態ともいえます。

その場合、まず、**相手にどうこうしてもらおうとするのではなく、自分を自分で認め、好きになる**必要があるのです。

もし、あなたが曖昧な状態を嫌だと思い、早く脱したいと思っているとしたら、「今連絡を取ることができていたり、いっしょにいる時間を楽しむ」「ゴールを捨てる」「自分を自分で満たす」ことを実践してみることが、状況を改善する近道です。

引き寄せは逆説的に働く不思議

この状況を改善していくには、居心地の良さを追究して、嬉しい気持ちでいること。

相手の人と過ごしている時間をとにかく楽しむようにしてください。

会話が楽しい、メールが楽しい、会えるのが楽しいなど。

「いっしょにしていて楽しいこと」に集中して、めいっぱい楽しさを感じてください。

すると、その楽しい波動は相手に伝わり、ますますあなたといっしょにいたくなります。その流れで、曖昧な関係から次の段階へと発展するでしょう。

今いっしょに過ごしていることが幸せなんだ、と幸せを実感してください。

付き合う、結婚するなど今持っているゴールにこだわらないこと。それが本当の幸せにつながるのです。ゴールにこだわらなくなると、そもそも望んでいたゴールを引き寄せます。本当に何度経験しても不思議ですが、引き寄せとは逆説的に働くのです。

未来にばかりとらわれていて、「今、楽しむ」「今、幸せでいる」ことを意識していなければ、幸せは引き寄せられません。

「引き寄せの法則」が働くのは、つねに〝今〟であることを忘れないようにしましょう。どんなに素晴らしい夢や望みを描いていても、〝今〟あなたが楽しんでいなければ、その夢を叶えることはできないのです。

二人の時間をとことん楽しむ

好きになってはいけない人、というのはいないと考えてください。誰かを好きになるというのはいつだって素晴らしいことです。

たとえば、常識的には、結婚している人を好きになったらいけないと思われていますが、「好きになる」というのは自然とわ

いてくる感情であって、結婚していない人を選んで好きになれるわけではありません。

結婚していようがしていまいが、好きになってしまうときはなってしまいます。自分が結婚している場合も、相手が結婚している場合も同じです。

好きになること自体は素晴らしいことだと思いますが、**いっしょになることがゴールではなく、好きな人を好きだと思える、それがゴールであり幸せ**です。

その幸せをあなたが感じれば感じるほど、状況は良い方向へ勝手に動いていきます。

たとえ、あなたの好きな人に彼女がいたり、結婚していたとしても、もし、本当に縁のある人であれば、なるようになって、おたがいの人生に深く関わるようになるでしょう。

結婚している人を好きになった場合、そうでない場合に比べ、現実的にいろんな制約も多いかと思います。しかし、連絡を取れるときや会えるときに楽しく過ごせればそれでいい、無理しないを徹底してください。

罪悪感も出てくるかもしれませんが、相手の家庭を壊そうとか、無理やり奪おうということをせず、あなたが愛を放つ状態に自分をおいてさえいれば、最終的にまるくおさまります。

そうして、共有できる時間をめいっぱい喜んで過ごしていたら、状況に変化がおきていっしょになれるかもしれませんし、逆に、自然とその好きだという感情がなくなってお別れするか、どのようになるかはわかりませんが、ちゃんとあなたにいいようになってきます。

どうすればいいのかわからない、どうしたいのかわからないときは、ただ待てばいいのです。

わかるときは必ずきます。それまでは、できるだけ気楽に過ごし、むやみに動かないほうが、良い現実を引き寄せていくのです。

法則 25

好きだという気持ちでいれば、一番いい形に落ち着く

9

別れを選ぶべきかは宇宙が決める

けんかばかり、大事にされていない…

「いつもけんかばかり。もう別れたほうがいいのかな」

「全然大事にされていない……」

今、パートナーとの関係に不満を抱きつつも、別れに踏み切れない人もいるでしょう。

別れるべきか、別れるべきではないか。答えはなかなか出ないものです。

答えは出そうとしなくても、出るときには出るものなので、わかるまで待つというのもひとつの方法です。

それでも、現状を変えるべきかどうか迷っている方は、以下のことを自分自身に問いかけてみてください。

・あなたはパートナーといて楽しいですか？
・あなたはパートナーのことが好きですか？

あなたは彼が好きなのか、そうでないのか？　シンプルに考えましょう。好きだけど、でも……という思いが出てくるのもわかります。その場合は、「好き」なのです。だったら、別れる必要はないのではないでしょうか？

好きなのであれば、「でも……」以降のことはできるだけ考えないことです。

結婚してくれない彼とは別れるべき？

たとえば、「自分は結婚したいのに、彼が結婚しようとしてくれない。好きだけど、別れたほうがいいのかも」という場合。

先にも書いた通り、結婚は幸せでもゴールでもありません。あなたは結婚してくれる彼は好きで、結婚してくれない彼は好きではないのでしょうか？　そうはないですよね。

結婚に期待するのを一度やめてみてください。結婚に期待するのではなく、**彼のありのままのいいところをあなたが見てあげれば、彼はあなたといることがとても居心地が良くなり、結婚という流れになる**のです。

「好きでもないし、楽しくないのに別れたくはない」という人もいるでしょう。

その場合は、「この人を逃したら他にいない」「ひとりになるのが嫌だ」という変な思い込みで、本当に好きというわけではないことがほとんどです。

こういったときは、いったん別れたほうがいいと思います。すると、波動が上がり、その空いたスペースに新たに誰かが現れる、というふうに動いていきます。

シンプルな「好き」という気持ちにしたがう

今、パートナーとの関係が、別れを考えるほどにぎくしゃくしてしまっているのだとしたら、気持ちを見つめ直す時期です。

だからといって、無理やり別れを決断するために、わざとパートナーの嫌なところを思い出す必要はありません。むしろ、パートナーの嫌なことを思い出してしまうと、あなた自身の波動は低くなってしまいます。


そこで、別れようかどうか迷っている人は、あえてパートナーの好きなところリストをつくってみましょう。心からいいと思える部分です。

いいところを見て、いい気分になり、波動が上がってくると、彼のことを純粋に好きなのかどうかがわかりますし、純粋に好きという波動であれば、パートナーもあなたが悲しむようなことはしません。

変な期待があるから、彼に振り回されたり、彼が引いてしまったりするのです。


そして、今起こっている出来事を障害、ととらえることもできるかもしれませんが、
・このことは、きっといいことにつながっているはず

・私の勝手な思い込みで、もしかしてすごく愛されているのかも
・おたがいの関係を見つめ直すいい機会

など、自分にとって一番都合のいい考え方を探してみてください。すると、関係が良くなったり、スムーズに別れたりと、良い方向に転換していくものです。

別れを切り出された場合

もし、パートナーから別れを切り出されたとき。

相手に好きな人ができた場合や、性格の不一致、何か理由がわからないけど、突然別れを切り出されるなど、失恋は悲しい、つらい気持ちになってしまいますね。

ですが、ここで相手に「別れないで」とすがるのは得策ではありません。

別れを切り出された場合は、ちょっと距離をおいてみましょう。

悲しい、離れたくない気持ちはわかります。ですが、別れを切り出された以上、相

手の決断をくつがえそうとせずに、ただそっと受け入れるのです。

そして心の中で、今までパートナーと過ごした楽しい時間、もらった愛を思い出して「ありがとう」という気持ちでいられると一番いいです。

すると、もし本当にご縁のある方であれば、決断を変更してあなたの元に戻ってくるかもしれません。もしくは、そのまま離れていったとしても、さらにぴったりと合う人と出会えます。


別れを良い運命に変えていくポイントは、彼にすがらないことです。

ご縁があったら、本当に離れてしまうことはありませんので大丈夫。執着しないことが引き寄せの基本なのです。

逆にあなた自身がパートナーと別れたいと思うこともあるかもしれません。

パートナーに自分から別れを切り出す場合の心の持ち方も、やはり、**「今までしてくれたこと、今までの時間にありがとう」**というものがベストです。

とにかく別れたい！で別れてもいいですが、少しでも「ありがとう」の気持ちを思い出すことができれば、もめることなくスムーズに別れられるでしょう。

法則26

答えは出すものではなく、出るもの

復縁について

彼と別れてしまって、しばらく経ったけどやはり彼以上の人は現れない。忘れられない。どうにかして復縁できないものか。そういう悩みもありますね。

ですが、「去る者追わず、来る者をできる限り受け入れる」と決意すれば、宇宙の流れにのっていけます。

「彼とじゃないと幸せになれない」。そういう気持ちがあるのはわかります。

ですが、それは事実ではありません。人は自分で自分を幸せにできるのです。

だから特定のパートナーでないと幸せになれない、ということは絶対にないのです。

第4章

嫉妬、不安…ネガティブな感情が消える法則

1 楽しいことばかりではないのが恋愛

恋愛中はマイナス思考になりがち…

恋愛関係が発展していくと、必ずしも楽しいことばかりではなくなっていきます。パートナーとの関係の中で、嫌なことを言われた、浮気されたなど、傷ついてしまうような出来事があると、何が悪いのか原因を考えこんでしまったり、誰が悪いなどの犯人探しをしてしまったりします。

これまでの章でも、そのように波動が良くない状態に陥ってしまったとき、どのように改善していけばいいかをお伝えしてきました。重複もありますが、低い波動を意識的に改善していくのはとても大事なことですので、もう一度この章にまとめました。

どうしても気分が落ち込んでしまうときは、この章に書かれていることで、自分が実践しやすいことをやってみてください。


取り組み始めの頃は、少し苦しいかもしれませんし、無理やりやっているように感じるかもしれませんが、これは最初だけで、ある程度の期間（人によりますが、一、二ヶ月）継続していると、自然とできるようになりますので、最初は頑張ってください。

これまでとちがうことをするので、慣れるまでは落ち着きませんし、「こんなことをして何になるのだろう？」とくじけそうになることもあるかもしれません。

そして、**相手ではなくて、自分を変えなければいけないので、何か損したような気分になるかもしれません。でも、それは決して損ではありません。**あなたが、自分の波動を高く保つとき、自分を自分で幸せにするとき、あなたは、必ず最高の現実を引き寄せるのですから。

逆に、相手を変える必要はなく、自分の頭の中を変えるだけでいいので、誰にでもできると考えれば、気がラクになってきます。

少し苦しいのは、波動をがらりと変える移行期間だけ。その期間が過ぎれば、夢のような現実があなたの前に出現するでしょう。

あなたは心から好きな人ととても心地いい関係を築いていくことができます。

恋愛以外の人間関係でも、おたがいがおたがいを高め合い、認め合い、補い合えるような人たちを自動的に引き寄せます。

やりたいことも実現しますし、豊かさもふんだんに引き寄せるでしょう。

すべてはあなたの波動次第。そのことをつねに忘れないで、波動を高く保つことを実践してみてください。

上手に切り替えていくのが大切

私たちは「嫌なことがあったら自動的に嫌な気分になる」ということに慣れ切っていますが、自動的に嫌な気分になる以外にちゃんと道があるということを知っておきましょう。

「では悪いことは考えてはいけないということですか?」

「悪い状況でも我慢しなければならないの？」

と思われてしまうことがありますが、そうではありません。

何か嫌な出来事があったとして、一次反応として驚いたり、悲しんだりするのはいたって健全なことです。あなたができるのは二次反応のコントロールです。

悲しんだことを受けて、どうするかということです。

我慢することなく、本当にあなたの思考も感情もコントロールできるのです。

感情なんてコントロールできない、だから波動を高く保つのなんて無理だと、そう思い込んでいればその通りになってしまいますが、「自分の波動が、自分の現実を引き寄せる」と本当に実感できればコントロールできるようになります。

できないのは、「自分の現実は波動次第」ということがまだ腑に落ちていないから。

誰しも、自分の望む人生を歩みたい、そう思っているでしょう。自分で自分の人生を悪くしたい人なんていないはず。

瞬間的にわき上がってくる感情はもちろんコントロールできないと思います。しかし、その後の切り替えについては、「引き寄せの法則」を本当に理解し、そして練習していけば誰でもできるようになるものです。

人によってはとてもきつく感じるかもしれませんが、私が不幸なのはあの人のせい、という被害者意識から脱出しない限り、本当に望む幸せな人生を手に入れることはできません。

覚悟を決めて、自分の幸せは自分の責任だと改めて認識しましょう。

嫌なことがあると「本当の望み」がわかる

不愉快な人や出来事も、実はあなたにとって大きなチャンスである、と考えることもできます。

たとえば、「彼に傷つくようなことを言われて悲しかった」と感じた場合、「おたがい優しい言葉をかけ合えるような人間関係」をあなたは望んでいるのです。

このとき、相手に対して「あの人は私が傷つくようなことを言う人」とあなたが思い続ければ、ずっとその現実をあなたは見続けることになります。

けれども、「私はそれを望んでいない。優しい言葉をかけ合える人間関係がいい」ということを認識したら、彼の言動の中で優しいと感じる部分を思い出せばいいだけなのです。

そのようにして、優しいところもあるな、と彼の良い面に意識を向けられるようになると、あなたはその通りの現実を見るでしょう。

「望まないこと」ではなく、「望むこと」に焦点を当てることはとても大事です。

嫌な出来事はあなたの望みをはっきりさせるために起きている、と考えれば、「望まないこと」から「望むこと」への意識の切り替えができているということになります。

出来事の解釈を変えるだけでいい

嫌な出来事が起こると、「私が浮気されたのは、私に魅力がないせいだろうか」「何が悪かったのか？」「私が悪いの？」「彼が悪いに決まってる！」などと、原因を探してしまいがちですが、原因を追究しても、過去は絶対に変えられないし、いい気分になれないので何もいいことはありません。

あなたが変えられるのは、起こった出来事に対してどういう受けとめ方をするか、それだけなのです。

その出来事をどう見れば、今より少しましな気分になれるか考えてみてください。

「もしかしたら、これが良い方向につながっているのかもしれない」

「相手の状態が悪かったのかな」

と、考えるのもひとつの手です。

「すごく嫌なことをされた。こんなことをされるなんて信じられない。だけど、この出来事について考え続けることは、私にとって何の意味もないことだし、引き寄せの法則からすると同じような悪いことが起こってしまうかもしれない。だから、今日は気持ちを切り替えて美味しいものでも食べにいこう」

と、ネガティブな気持ちを自分から追い

出して、とにかく切り替えていきましょう。

起こってしまった嫌な出来事や、自分の望んでいないことで頭をいっぱいにしないこと。それが重要です。嫌なことの原因を追及しても、自分にとって何もいいことがないとわかれば、これができるようになってきます。

「自分は本当は、どんなことを望んでいるのか。どんな感情を感じたいと思っているのか」

原因を探すのではなく、本当に注意深くこのことを自分の心に聞いてみてください。

法則27

自分を満たすのは自分しかいない

2

「大事にされないのは、私に魅力がないせい？」

いつも彼なりに頑張ってくれている

先ほど、彼の言動の中で優しさを感じる部分を思い出していけばいい、とお伝えしましたが、このように「自分にとって良い面」だけを見るようにしていくと、本当に現実が変わります。

たとえば、「約束を守ってくれないなんて、彼は非常識だ」と思って嫌な気分になったとしても、

「今回は約束を守ってくれなかったけど、彼なりに私のために時間を使ってくれたことは何度もあったな」

と、パートナーの良い部分や楽しい出来事を思い出すようにしましょう。

こうすることで、あなたの気分はずいぶんましになり、そして波動が改善するため、関係もどんどん改善してくるのです。


「約束守ってくれなかったじゃない！」と責め続けたとして、パートナーはあなたの剣幕に恐れおののいて、一時的に約束を守ろうとしてくれるかもしれません。けれども、二人の関係が良くなることはないでしょう。

二人の関係から良い面だけを抜き出して、幸せだなという気持ちに浸るようにする。気に入らないことを強調して相手を責めない。それがいい関係を築いていけるコツなのです。


あなたが相手を変えようとしなくなったら、つまり、本当に素敵だなと感じていたら、あなたの思う通りに素敵な人になります。

変えようとしなくなったら、本当に変わります。

このように、自分次第で現実はいかようにも変わると本当にわかってくると、「あの人が間違っている」「〇〇のせいで、私は嫌な思いをしている」と、気分が悪いことを、他人や状況のせいにすることがなくなってきます。

あなたの思考と気分はあなたのもので、他人のものではありません。

あなたが自分の人生の舵取りをしているということを思い出してくださいね。

あなたは今この時点で、自分の見方を選択し、嫌な気分を自分で改善していくことで、あなたの人生の主人公になれるのです。

期待しないと波動がどんどん改善していく

そもそも、なぜ、恋愛において嫌なことが起こったと感じるのでしょうか？

それは実は、相手のせいではありません。

そうではなくて、自分が相手に過大な期待してしまっているからなのです。

恋愛であなたが不快に感じるとき、問題が起こるときというのは、つねに、あなたが**相手に対して何かしらの期待を持っていて、そして、その期待と相手がちがう言動をとった場合**です。

自分が相手に対して、こうしてほしいとか、こうあるべきだという思いを持っていて、それと相手の言動がずれたときに、不快に感じるのです。

別の人間同士の認識を完全に一致させることは不可能です。

相手と自分の認識がちがう場合、相手を変えるのではなく、自分の期待を減らしていく必要があります。

嫌な気分の根本の原因が、相手の言動にあるのではなくて、自分の期待にあった……。最初から深く納得はできないかもしれませんが、何か嫌なことがあった場合、「あの人はそういう人だった! しょうがない。**私が勝手に期待していたんだ**」と思い出してみてください。

それだけで、相手を責める波動が減少して、少し気がまぎれ、波動が改善します。

そして、二人の関係も良い方向にいきます。

法則28

変えようとしなくなったら、変わる

3

「原因探し」をしても意味はありません

正しい、間違っているで判断しない

「恋人だったらこうするべき」「夫（または妻）だったらこうするべき」。そういった基準をひとりひとりが持っているかと思います。

そして、そこから外れようものなら、間違っていると判断して、鬼の首を取ったかのように相手を責めれば責めるほど、相手との関係が悪くなっていくでしょう。

これまでも何度も説明しましたが、誰かを責めて行動を変えさせようという行為は、自分にいいことがまったく返ってこないのです。

あなたが誰かを責めるときに出している、そのとげとげしい波動が、そのまま自分に返ってきてしまいます。また、自分や誰かを責めるというのは、罪悪感を抱かせようとしているということなのです。それは愛とはかけ離れた波動です。

誰かを責めてしまっていると気づいたら、すぐに「ああ、責めても何もいいことがない」と思い出しましょう。

このように説明すると、

「こんなに大事にされていないのに我慢しなくてはいけないんですか」

と思う人もいるかもしれませんが、我慢して、と言っているわけではありません。

望まない現実が目の前に現れた場合、あなたに良い現実をもたらす選択肢は、**それをそのまま受け入れるか、その中でも良い面を見つけるか、そこに意識を向けないか**のどれかなのです。そのことを本当に理解できれば、我慢する状態ではなくなります。

我慢するのではなく、本当に自分のためになる選択ができるようになるのです。

過去の出来事は不可抗力

他人の言動や起こる出来事は、サーフィンの波のようなものだと思ってください。

波は、あなたにコントロールすることができません。あなたの選択肢は、その波に乗るか乗らないか、乗るならどんな乗り方をするかです。

波が起こった原因を考えても意味がないし、どんな波が来るかは、あなたの責任の範囲ではないのです。

また、相手を責めたり、相手を変えようという気持ちがないのであれば、「言いたいことを言ってすっきりする」というのは、いいことです。

たとえば「もう嫌だ！」と自分の感情を吐き出すだけなら波動は下がりません。

言って満足するだけにして、相手の行動が変わることは期待しない。

「自分の本音に素直になる」のと、「相手を責めて罪悪感を抱かせる」の境目を知るのが大事です。

法則29

終わったことを責めても何も始まらない

4 波動が高まれば、すべてが小さいことになる

パートナーとの問題を解決したい

自分がコントロールできないことや起こってもいない未来のことを、ああでもない、こうでもないと考え始めると、あなた自身の幸せの舵取りを自分以外のものにゆだねることになり、決して幸せになれません。

モヤモヤしている状況や楽しくない状態を脱するためには、自分自身が充実したり、楽しむことが必要です。

問題は、パートナーとの関係がうまくいっていないことではないのです。

解決するかどうかわからないことを考え続けてしまうことが問題なのです。

いい面を見ることができればそれでいいのですが、どうしてもそれができない場合は、まったく別のことをしたり、そのことを頭から少しでも追い出しましょう。

とにかく問題やモヤモヤについては「スルー」するのです。

私も、何か自分の望まない感情がわき上がってきたときなどは、スマートフォンの「キャンディークラッシュ」というキャンディーをひたすら消していくゲームをして、嫌なことを考えない時間をつくる努力をします。少し時間がたつと、嫌な気持ちが今よりは小さくなっているのです。

嫌な感情が出てきてしまったときは、嵐が過ぎるのを待つことです。

時間が解決します。

どんなに嫌なことがあっても、時間がたてば、だんだんとその気持ちは小さくなります。少しずつでも、確実に小さくなったことを喜びましょう。

問題を意識しなければ問題は消える

自分の波動が高い状態になってくると、外側で起こっていることが、だんだんと気にならなくなってきます。

そして、何か悪いことが起こったとしても、ジタバタしても仕方がないと思え、今まで問題だと思っていたようなことも、問題だと思わなくなります。

自分自身が問題だと思わなくなれば、その問題は消えてしまうのです。

その問題をすぐに解決できる自信があれば、もちろん対処したらいいと思いますが、恋愛は相手があることであり、自分ではどうしようもないことのほうが多いですね。

その場合、一番の対処法は実は**「対処しないこと、考えないこと」**なのです。

対処しなければと思うその裏には、「それは問題である」と信じている、ということがあります。

対処しよう、対処しようとすることは、その信念を強化してしまうので、問題が固定化されてしまいます。

問題を放置するということは、これまで信じてきた常識にも反しますし、難しいと思うかもしれませんが、できるだけそのことを考えずに、日々、少しでも楽しくなることに目を向けたり、実際に楽しいことをやってみたり、あとはひたすら目の前の仕事に集中する、ジョギングをするなど、問題について考えない時間を増やしてください。すると、その問題は自然と解決していきます。

自分のやりたいことや好きなことで頭がいっぱいで、問題らしきものについて考える暇がないという状態になれば理想的です。

そうなると、**自然に「問題を問題と思わない、問題について考えない」という状態ができ上がってきて、実際に「あなたの現実」から問題は消えてなくなります。**

法則30

気にしなければ自然に解決する

5 過去の恋愛のトラウマが押し寄せたら

また裏切られるのではと不安…

「浮気されたあとに再構築したけど、女性をにおわせるメールを見たときのことがフラッシュバックしてしまった」

「前の彼とちがって、今の彼とはうまくいっているのに、また裏切られるのではと思って不信感でいっぱいになってしまう」

「ひどい振られ方をして、もう二度と誰からも愛されない気がする……」

突然、昔あった嫌な出来事を思い出してしまい、不安や嫌悪感などがあふれ出してしまうことは、人間だったら誰でもあることかもしれません。

もし過去に起こった悪いことを思い出して、不安になったり、誰かを責める気持ちがとまらなくなったりしてしまったら、「今の波動だけ」が自分の現実を引き寄せることを思い出しましょう。

何か嫌な出来事や恐ろしい出来事があったとしても、あなたが〝今〟それについて考えるのかどうかは、つねに選べるのです。

「あのことがあったから現在がある」

つらい過去というのは、誰にでもあります。私自身にも、思い出したくないような過去はたくさんあります。

「私だけが特別不幸なんだ。過去にあんなことがあったのだから、今、それを原因として他人を責めたり、自分を責めたりしても当然」と自分自身を特別扱いするのは自由です。

ですが、あなたは「悲劇のヒロイン」になることを本当に望んでいるのでしょうか。

みんな同じで、特別な人はいないと考えてください。そこで前を向くかどうかのちがいがあるだけ。自分は本当は何を望むのかということに、向き合うか向き合わないかだけなのです。

過去にどんなに悪い出来事があったとしても、それが後々どういう結果に結びつくかわかりません。

たとえば、前の彼と別れたとき、つらかったもしれません。ですが、「あの別れがあったから今のパートナーと出会えている」という見方もできるのです。

今、自分自身を幸せにしたら、過去の嫌なことは気にならなくなってきます。少なくとも、相当に薄れていきますので、とにかく自分で自分を「今、幸せ」にすることに集中していきましょう。

大丈夫です。過去の問題を解決しなくても、あなたは幸せになれます。

見方を問われているだけ

パートナーとの間で問題が起こったとき、悪いのは相手ではないということをお伝えしました。同時にあなたも悪いわけではありません。誰も悪くないんです。

「誰も悪くないとしたら、じゃあ、この現実に対してどういう見方をする？」と、それだけが問われていると思ってください。

「起こってしまったことは仕方ない。誰のせいでもない。起こったことに対し、どういう見方をするかが現実を決める」のです。

何か嫌な出来事にあったとき、よくやりがちなのは、「私が悪かったのかな」と反省してしまうこと。

自分が悪いんじゃないか……と罪悪感を感じるとき、波動に良い影響を与えることはありません。ですから、「誰も悪くない。ただ自分がどう考えるかだけだ」ということを思い出してください。

やってしまったこと、あるいはしなかったことに後悔があるかもしれませんが、**今、波動を改善していけばすべての状況は良くなっていく**ことを思い出して、自分を責めるのはやめましょう。

また、過去は決まっていたと考えると、自分を責める気持ちはやわらぎます。

過去に起こったことはすべて決まっていて、自分ではどうしようもなかったのです。起こるべきことが起こっただけ。

実際、過去を変えることはできないし、パートナーとの間に何か嫌なことが起こったとしても、それ以外の選択肢なんてなかった、どうしたってそうなっていた、ということに気づくでしょう。不可抗力なのです。

起こった出来事に対しては「仕方なかった」「不可抗力だ」と考えて、自分を責めないようにしましょう。

怖くなったら「今」に戻ってきて

起こってしまった過去の出来事にくよくよしたり、まだ起こってもいない未来を先回りして心配したり、現状に不安になって、未来の約束を取りつけて安心を得ようとしてしまうようなときは、とにかく「今」に帰ってきてください。

今、あなたの感じていることは何ですか？

今、あなたはこの本を読んでくださっていると思いますが、「本を読めるこの時間は落ち着く」と感じるだけで、あなたの波動は良くなります。

自分の好きなことをして、ああ、自分の好きなことができて幸せだなあ、と感じるだけでいいのです。

そして、目の前の人を大事にしたり、目の前の人に感謝する。

そこに幸せがあります。

今ここに、幸せがあるのです。過去にも未来にも、幸せはありません。

法則31

「幸せ」は過去にも未来にもなく、「今」にある

6　嫉妬は「あの人」のせいではなく、自分の問題

SNSで動向を探ってしまう…

恋愛でつらいのが「パートナーが自分以外の異性と仲良くすること」に対する嫉妬ですね。

「メールしても返事がこない。だれか異性と遊んでいるのでは」

「彼が女友だちと楽しそうに話している！」

連絡が取れない間、彼のフェイスブックやツイッターを見て動向を探ってしまうなど、頭の中がつねにパートナーのことでいっぱい。パートナーの行動を妄想して、自分以外の人のところにいってしまうのでは、と疑心暗鬼になってしまう。

嫉妬に取り憑かれると、「どうしてあの人は私のことをいつも悩ませるんだろう」「自分を不安にさせるアイツが悪い！」とパートナーのせいにしがちですが、まずは相手の問題ではないと認識することが必要です。

あなたの心の状態の問題です。あなたの心が変わらない限り、どんな人と付き合っても、結婚しても同じです。不安が高まってくると、いっしょにいる時間でも、つねに疑ったり心配するという状態になってしまいます。

どうしてそうなってしまうかというと、あなたが自分自身に関心を向けておらず、自分を認めていないからなのです。

パートナーの問題ではなく、自分で自分を満たせていないから、パートナーのことが気がかりになってしまうのです。ということは、パートナーに行動を変えてもらう必要はなく、自分さえ変えていけばいいということになります。

まずは、自分の問題だと気づいただけで、だいぶ状況が改善されます。

自分のために、自分の意識の向け方を練習していきましょう。日々いいことを探し、いい気分でいることを選択し、毎日を本当に心から楽しめるようになれば、嫉妬や執着から自分自身を解放できるでしょう。

「私を見ていてくれる」証拠を探す

嫉妬の根底にあるのは、「自分のことだけを見てほしい」という、相手を束縛する気持ちです。自分だけを見てくれていること＝愛ということではないし、自分だけを見てもらうのは不可能ですよね。

頭ではわかりながらも、それを求めてしまうのもわかります。

もし「自分だけ見てほしい」と相手を束縛する方向で考えてしまっているのだとしたら、今ある状況の中で、「彼があなたを見てくれていること、あなたを気にかけてくれていること」を探してください。

・忙しい彼だけど週に一回は会ってくれている
・向こうからはあまり連絡は来ないけれど、自分が連絡したときは返事をくれる
・会っているときは、私のことだけをちゃんと見ていてくれる

パートナーに自分を見ていてほしいなら、相手に要求するのではなく、自分から「相

手が自分を見ていてくれている」証拠を探すことが必要です。

自分から探していけば、「彼がちゃんと自分のことを見てくれている」と実感できるようになるでしょう。

束縛したい気持ちをなくす方法

パートナーのことばかり考えて、どうしても嫉妬や束縛の気持ちが大きくなってしまう状態に陥りそうになったら、あなたが他に好きな人のことを考えてみましょう。

芸能人でもいいですし、同性でも異性でも、周りにいい感じの人がいるなら、その人にちょっと目を向けてみましょう。恋愛感情でなくとも、人に好意を持つということは素敵なことです。そして、とにかく良い波動を発すれば、あなたは良い現実を引き寄せるのです。

そのように、(恋愛のパートナーを探すということでなくても)他に目を向けたら、逆につれなかったパートナーがあなたを追いかけてくるようになる、ということも十分にあり得ます。

愛という大きな観点で見たとき、ひとりに限定するのではなく、二人、三人と好きな人がいたら、それは愛が広がったということで、愛の波動を発していれば愛を引き寄せるのです。

相手が追いかけてくる状態に

自分がいい気分でいられる状態をキープしていれば、そもそも束縛したいと思わなくなります。

そして、パートナーの言動に振り回されることがなくなるのです。

恋愛以外のことが充実してくると、「この人がいなくても生きていけるわ」と思うぐらいの状態になります。

すると、逆に相手が追いかけてくるような状態になります。

もし、パートナーがあなた以外の人に目がいってしまったとしても、もちろん、心穏やかではいられないかと思いますが、あなたが悪いわけでも、あなたの性格や容姿が劣っているということでは決してないのです。

そんなとき、あなたは、

・彼の自由を尊重していましたか？　彼を自分にしばりつけようとしていませんでしたか？

・自分の人生を楽しんでいましたか？

これらのことが十分にできていなかったからこそ、その波動通りに彼の心が動いてしまったのかもしれません。

しかし、意識して彼を自由にし、自分の人生を楽しみ始めると、ちゃんとあなたは自分が望む現実を引き寄せていきます。安心してください。

法則32

嫉妬も執着も自分で減らしていける

7 「私のこと好き？」ではなく「あなたが好き！」

「重い」波動を出していませんか？

恋愛、結婚で自分の人生が左右されてしまう、と考える人は多いです。

もちろん、結婚は、人生のうちで大きな比重を占めるかもしれません。

ですが、ここでお伝えしたいのは、やはり恋愛や結婚があなたの人生を決めてしまうのはあり得ないということです。

恋愛や結婚は自分をさらに幸せに、人生を豊かにしてくれるものですが、メインではありません。恋愛はデザート的な存在と思っておくことが大事です。

恋愛をメインに考えて生きてしまうと、どうしても重い波動を出してしまい、相手は負担に感じます。逆に、軽い波動の人に、人は寄ってくるのです。

波動を良い状態に保つには、ある程度の軽さ＝気楽さと明るさが必要です。

軽い波動とは、何事にも固執せず、自分自身を楽しんで、モヤモヤがあったとしても自分から切り替えようと意志を持っている状態のことです。

重い波動というのは、考えてもどうしようもないことで自分自身を悩ませてしまっていたり、相手や状況に多大な要求や期待をしてしまっている状態のことです。

大切だけど執着しない関係に

この「軽い」「重い」について、忘れ物を例にとって考えてみましょう。

たとえばどこかで傘をなくしてしまったとき。

「あんなに大切にしていたのに、どこに置いてきてしまったんだろう」と一日中探し回ったり、結局見つからなくてすごく悲しい気持ちを引きずったり。

人によっては何日も考え続けてしまうかもしれません。そんなとき、重い状態です。

「あーなくなっちゃった。大切にしていたのに。でも、見つかるときは見つかるし、見つからないときは見つからないよね」

と考えて、さっさと新しい傘を買ったらどうでしょう。もしくは、もう一度同じ傘を買ってしまうのです。

そうするとあなたは、もう残念な気持ちを引きずっておらず、軽い波動になっています。お金は減ったかもしれませんが、どちらが良い現実を引き寄せているかというと、明らかに後者なのです。

つまり、「大切な傘」ではあるけれども、その物自体に依存・執着していないことが大事です。

傘と人間はもちろんちがいますが、この

ように、起こってしまったことは仕方ない、じゃあどうするか、と切り替えていくことが大事なのです。

相手の気持ちを確認する必要はない

「大切な彼。ずっと私を見て無くちゃダメ。それなのに、ぜんぜん結婚してくれないし、私が○○してほしいのに、ぜんぜんしてくれない。私のこと、好きじゃないのかな?」

相手に自分が愛されていることを確認したくて、「私のこと好き?」と何度も確認してしまうこともあるかもしれません。なぜ確認してしまうのでしょうか。

相手の気持ちを確認して、誰かから愛されているという実感を求めたくなるときもあるかもしれませんが、いくら他人から愛されようとも、自分で自分を愛し、幸せにしない限りは、いつまでたっても誰かに愛を求め続け、そして結局満たされないという状態は変わらないのです。

たとえ言葉にしなくても、あなたの本心(期待)は彼にも伝わりますし、あなた自

身の波動を下げてしまいます。

相手の気持ちよりも自分の気持ちがどうなのか、そこをはっきり見つめてみてください。

「私のこと好き?」ではなく、「私はあなたのこと、好きだなぁ」と、そう思えたら、それが幸せだと少しでも思えたら成功です。

その状態ですと、**自動的に愛を引き寄せる**ので、安心してください。

ただ、そこに期待や依存が入ると、とたんに重くなるのです。重いのは、依存してしまっているということ。相手に求め、期待ばかりしてしまっているということ。「足りない」と思うこと。相手に「認めてほしい」と思うことです。

自分を愛せていないから、他人に愛してもらおうという感覚です。

幸せな恋愛関係を手に入れたいならば、そこから脱しなければなりません。

そのために、「自分は何をしていると一番楽しいのか」を思い出してみてください。

恋愛以外に本当にしたいことは何でしょうか?

彼中心に生きているとき、自分の幸せが彼次第になっています。

ちょっとしたことですぐ不安になったり、彼や自分を責めたりしやすくなります。

不足感も楽しめる

たとえば、あなたに好きな人がいて、「会いたいな」と思う。そしてもし、すぐに会えないような状況のとき、「会いたいのに会えない、会えない、会えない……」と、不足感にさいなまれてしまうかもしれません。

でもなぜ「会いたい」と思うんでしょう？

それは、「今、会えてないから」ですね。

24時間365日、会っていたとしたら、「会いたいな」と思わないですよね。

「会いたいな」と思うことや、会えていない時間も、相手を思って温かいものが心にやどること。それは、過度にならなければ、素敵な心地いいものですね。

そう考えると、「会えてない時間」がいいものに思えてくるから不思議です。

もちろん、会いたい、寂しいという思いが募り、どうしようもなくなってしまうこともあるかもしれません。そう思う自分を否定する必要はないのですが、もしそれで重い気持ちになっているんだとしたら、楽しくないですよね。

自分を自分で楽しくする。そうすれば、現実が本当に楽しくなって、結果的に、あなたの望むものはすべて勝手に引き寄せられてきます。

そのことが本当の本当に腑に落ちれば、重い気持ちになりがちなときも、自分を自分でコントロールできるようになってきます。

不足感があるから、あなたの中にある素敵な思いもわき上がってくる。

不足感だって、あなたにとって大事なものです。恋愛は本来、楽しむもの。会っているときも、会えていないときも楽しめるということを忘れないでください。

「宇宙の流れ」を信頼して

まずは自分の今やっていることを楽しくしましょう。

日常のひとつひとつを大切に生きましょう。

依存と期待を減らして軽くなれば、人生が驚くほど良い方向に変わっていきます。

難しいこともあるかもしれませんが、本当に、「自分が心配したら心配を引き寄せるんだ」という単純なことが腑に落ちれば、心配でさえもやめられます。

そのような不安がわき上がってきたら、気をそらせたり、彼が今までしてくれたことを思い出したりして、自分自身に「大丈夫」と言ってあげてください。

離れていく人はそれまでです。追いかける必要はまったくないのです。離れていったということは、あなたにとって、過去には必要だったかもしれないけど、今は必要ないということなのです。

あなたの波動に見合う人、あなたに今必要な人、あなたにとって現時点で最善な状況を、必ず引き寄せられます。その宇宙の流れを信頼してください。

法則33

軽い人に人は寄ってくる。重い人から人は去っていく

第５章

ずっといい関係を続ける法則

1 ともに暮らし始めると必ずぶつかる壁

「私ばかり家事をしている…」

この章では、同棲したり結婚したパートナーと楽しく暮らしていくポイントをお伝えしていきたいと思います。

いっしょに生活を始めると、子育てや家事、貯金など、「協力して何かをする」ことが多くなるため、相手に対して、つい要求してしまいがちなシーンが多くなってきます。

結婚して数年も経つと、仮面夫婦のようになるケースもありますが、このようになってしまう方々の特徴として、パートナーが何かをしてくれたり、してくれなかったりということに気を取られて、嫌な面ばかりを見てしまうことがあげられます。

期待にもとづいた思考をしてしまうため、もちろん期待通りになることは少なく、パートナーに対する愛情も冷えて、という悪循環に陥っていることがよくあります。

いっしょに暮らし始めると、今までは期待することが少なかったのに、つい家事や子育てで何かやってもらえることを相手に期待してしまうのは仕方ないように思えます。私も引き寄せの法則を知る前は、夫に対して、子育てや家事にもっと協力してほしいと思っていたこともちろんありました。

ですが、やはり**相手が行動してくれることを期待するよりも、家庭内でもしっかり「いいこと探し」「感謝探し」をすることが、あなたの幸せにつながる**のです。

やりたくなかったらやらなくていい

よく相談事であるのが、「共働きなのに、パートナーが家事に協力的ではありません」という悩み。

家事というと、掃除、洗濯、料理……本当にたくさんありますね。

ひとりで暮らしていると、当然家事もひとりでするしかないので、あまり不満がたまらないかもしれませんが、いっしょに暮らしているパートナーがいると話は別。自分ばかりが家事を多くやっている、ということで負担に感じてしまう方もいるでしょう。

また、専業主婦の方でも、いっしょに生活しているのだから、パートナーにも仕事から帰ってきた後や休みの日ぐらい手伝ってほしい、という話はよく聞きます。

ですが、**「家事はやりたい人がやる」**でうまくいくのです。

「やりたくなかったらやらない。または、やりたくなる工夫をする」のです。

圧力をかけて要求しない

「やりたかったらやるとなると、もし、どちらも掃除が嫌いな場合、結局どちらも片付けなくて家が汚くなってしまわないか」という疑問が出てきます。

自分も家事をしたくないし、パートナーも家事をしたくない。二人とも家事をしたくない場合でも、パートナーにやってもらう以外の方法を考えましょう。

パートナーを責めてもますますやりません（一時的に、しぶしぶやることはあるかもしれませんが、根本的なところは変わりません）。なぜなら、相手を責める波動は、何もいいことをあなたにもたらさないからです。

どちらも家事をしたくないけれど、どうしてもしなくてはいけないものがある場合、パートナーに「家事をやらないあなたはダメだ、やってほしい」という波動は出さずに、まず自分が少しでもそのやりたくないことを「やりたいな」と思える工夫をしましょう。

たとえば、食器洗いが嫌なら、食洗機を買う。食器用洗剤にいいものを選ぶなど、自分が少しでも気分が良かったり、ラクになれるようにするのです。

「食洗機を買ってラクになった！」

「この洗剤、いい素材だしいい香り」

「きれいになった！　嬉しい！」

このような気持ちでいると、自然と家事が楽しくなって、相手が何をしてくれるかが気にならなくなります。掃除をすることでいい気分になれば、さらにいいことが起

こってくるので一石二鳥です。

家事をするときは自分が一番好きな家事を先にやるようにしましょう。

机の上を片付けるのは好き、本をきれいに並べるのが好き、アイロンが好き、など特に面倒だなと思わず、積極的にきれいにしたいこともあるはずです。

「やってくれていること」に目を向けて

パートナーには「あなたも家事をやりたくなかったらやらなくていいよ」と言ってしまってかまいません。経済的に余裕のある場合は、外注してしまってもいいでしょう。

とにかく、相手に圧力をかけたり要求してやらせる、以外の方法をとるのです。

あなたが家事を楽しくやるようになると、パートナーも楽しいことはやりたいと思うため、家事に興味を持って参加するようになり、自然とそれぞれがやりたいことをやっていたらうまく分担されるという良い循環になってきます。

また、現状で少しでもパートナーの方が家事をしてくれているなら、その部分についてしっかり「ありがとう」の気持ちを持ち、大げさにほめていくと、家事の分担がスムーズになります。

どんなときでも、「やってくれていること」に対する感謝の気持ちが大事です。

法則34

自分が家事を楽しむと、家庭の中がうまくまわる

2

お金は必要なとき必要なだけ入ってくる

「貯金、どれくらいすればいいんだろう？」

共同で何かをするとき、不平等感が出てくる場合があります。

「私のほうが収入が少ないのに、私ばかり貯金をしてる」というご相談もよくあります。

もし貯金について不平等感を抱いてしまったときは、**「貯金は自分がしたいからする。相手の貯金がゼロでもなるようになる」**と考えてください。

日々楽しく、いいこと探しをして生きていれば、決してお金に困ることはありません。というよりは、ないものではなくて、「あるもの」に意識を向けられるようになっているため、「ないないない……」という心の状態にならないのです。

そして、「あるもの」に意識を向けていくことさえできれば、お金は必要なときに必要な分だけ入ってくるようになっているのです。

今あなたが必要十分なお金がないとしたら、それは、不安感から「ない」と思い込んでしまっているのです。

すると、実際に「ないと思うような状況」が生み出されてしまいます。

豊かさを引き寄せるコツは、

・今の収入の範囲で自分自身を楽しませる。本当にほしいものにお金を使って喜ぶ

・すでに持っているもの、得たものに感謝する

ことです。

パートナーの金銭感覚は、あなたの引き寄せる豊かさには関係がないのです。

貯金がどうのという感覚よりも日々楽しく、豊かに暮らしていくことが、結果的にお金を引き寄せることにつながります。

お金があろうがなかろうが、あなたが心からやりたいと思っていることは必ず実現できるので、「なんとかなる」という思いが本当に重要なのです。

また、老後の不安をなくすための貯金は、引き寄せの法則を知ってしまうと本当に意味がありません。

不安感や不足感がお金のない状態をつくり出してしまうのです。

もし、貯金したいなら、貯めて行きたいところへ旅行にいく。素敵な家を買うための頭金にするなど、何か前向きな目的を持って貯金するようにしましょう。

自然に経済的にも満たされる法則

また、結婚すると、どちらが家計を支えるかというようなことでも、モヤモヤが出てきやすいですね。専業主婦の人で、自分は稼ぎがないと自分を責めてしまうようなこともあるかもしれません。

その場合は、自分の日々やっていることが本当に好きなのか、それを考えてみてください。

法則35

やりたいことにはお金が必要なだけついてくる

家事や子どもと接することが大好きで、毎日が楽しい。そういう場合は、それがあなたの魂が求めていることですので、無理に自分でお金を稼ごうとする必要はまったくありません。

そのように、自分のやりたいことをやっていて、本当に心が満たされているという場合には、経済的にも満たされているはずです。

ちゃんと自分のやりたいことをやっていれば、自分の不得意分野やできないことを相手がやってくれるように、引き合うのです。

3 家事・育児はやっぱり女の仕事？

どちらも楽しんだ者勝ち

これから子どもを持ちたいと思っている方、そして現在子育て中の方にも、「引き寄せの法則」を使った子育ての考え方はぜひ知っておいてほしいことです。

子どもはとてもかわいく、愛すべき大事な存在には間違いありませんが、子どもが小さいうちは、24時間誰かが見守っていなければならず、身体的にも精神的にも本当に疲れてしまうものです。

専業主婦の方でも、子どもの食事、教育、遊び、お風呂、寝かしつけ……子育てをしていると自分の時間がまったくとれない方も少なくありません。

共働きの方は、仕事と家事と子育てで嵐のような毎日でしょう。

自分の時間なんて1分もなく、自分のご飯を食べる時間もなかったり、ほとんど寝る時間もなかった、ということを私も経験しました。本当に大変でした。


パートナーが子育てや家事に協力的でない場合、不満は多くなってしまいますね。

そして、パートナーとの関係が冷め切ってしまう……。

そのようなことはよくあることかもしれません。

そうした状況で、夫婦関係を良くしたい、子育ても楽しくやりたいという場合、やはりこれも、**「相手に期待するのではなくて、自分自身が子育てを最大限楽しんでやる」**のがその道です。


しかし、「自分でやるしかない」と思いつめる必要はありません。

手を抜けるところは最大限手を抜いて、どうしてもやらなくてはいけないことは、どうしたら少しでも楽しめるのかを見つけていくことが大事です。

パートナーと教育方針がちがったときは

子育てをしていると、パートナーと教育方針が異なることもあるかもしれません。

話し合って意思の疎通ができればいいですが、そうでない場合、無理に相手を納得させようとしてしまいがちです。

しかし、これも、あなたとパートナーの関係を良い方向へとは導きません。

パートナーと意見がちがう場合、そのままでもいいと思います。

お父さんとお母さんがちがうことを言うと子どもは混乱する、と思うかもしれませんが、子どもは両方の意見を聞いて、子どもなりにちゃんと自分で選択するでしょう。

そのように、子どもを信頼してみてください。

子育てにおいては、「自分を選んで生まれてきてくれてありがとう」という気持ちを忘れなければ、良い親子関係、家族関係を間違いなく築けるでしょう。

『「引き寄せ」の教科書』（アルマット）でも書いていますが、子どもにとって一番いいことは、「自分は現実をつくっていく力を持っているんだ」と本人が自覚できること。親にできるのはその思いをサポートしてあげることだけです。

「自分の人生は自分でつくれる」。それさえ教えれば、あとは子どもが自分で自分の人生をつくっていけるのです。

親の最大の仕事は子どものやりたいことを邪魔しないことではないか、と私は思っています。そして、ほめて認めて育てています。

あなたが子育てを楽しんでいると、「あれ、楽しそうだな」とパートナーも嬉しい波動を感じて、つい子育てに参加したくなるものです。

パートナーのこともほめて、認めてあげるのが基本ですよ。ぜひ子育てを楽しんでくださいね。

法則36

子育てを楽しんでいると、パートナーも子育てに積極的になる

4
3つの「しない」で、ずっといい関係が続く

誰かと比べない

ここでは、パートナーとの良好な関係でいるために、ぜひ心がけたい「3ない運動」＝「比べない」「責めない」「期待しない」をお伝えします。すでにお伝えしたことと重複する部分もありますが、大事なことなのでもう一度ご紹介します。

まずは、「比べない」です。

よく、パートナーに気に入らない部分があると、「他の旦那さんは○○をやってくれている」など、他の家庭とパートナーを比べてしまうことがありますが、これは一

番やってはいけません。

逆の立場だったらいかがでしょうか？

「〇〇さんの奥さんは家事が完璧」「〇〇さんはいつもきれいにしている」など。

人と比べられて自分ができないことを責められたとき、とても嫌な気分がしますよね。もし私がそんなことを言われたら、「そんなにそっちがいいなら、そっちに行け！」と思ってしまいます（笑）。

誰かと比べたり、責めたりすることは、たとえ言葉にしなくても、その波動は相手に伝わってしまい、怒りを買うだけです。

パートナーを変えようとせず、パートナーのいいところも悪いところも、まるごと認め、いいところは大きくほめたり喜んだり感謝して、悪いところは追及しない。これが素晴らしいパートナーシップを継続していくコツです。

何があっても責めない

何度も書いていますが、人間関係でいちばん良くないのは相手を責めることです。

それは倫理的な面から良くないというのではなく、波動が低くするようなことに集中してしまうと、あなたにとって嬉しくないことを呼び寄せてしまうからなのです。

「私はこんなに傷ついた。だからもう二度としないでほしい」「悪かったと認めて、反省してほしい」。パートナーに嫌なことをされたとき、このような気持ちを抱いてしまうことがありますね。

相手に罪悪感を抱かせて、あなたはそれで嬉しいのか、そこを考えてみましょう。好きな人が罪悪感を抱いている姿を、喜べる人はいないでしょう。

共同生活をしていると、相手が何かをやった、やらなかったことに気持ちがいき、パートナーのことをどんどん嫌になってしまう、ということに陥りがちです。

ですが、**パートナーは「あなたの思い通りになる人」でも、「あなたを幸せにしてくる人」でもなく、「人生の楽しみを共有し、喜びを倍にする」ためにいる**のです。

自分以外に期待しない

あなたが、パートナーとの人生を楽しみたいなら、とにかく期待を減らしていきましょう。

「〇〇してくれなかった」「裏切られた」などと感じるのは、すべて、そもそも期待があったからです。

もちろん、これは期待をゼロにしなくてはいけないということではありませんが、期待が大きいと、日常にある幸せが見えにくくなったり、感じなくてもいい怒りを感じてしまったり、自分を自分で苦しめてしまうのです。

パートナーとの関係でモヤモヤを感じるとき、まず、「自分にどんな期待があったのか」振り返ってみてください。それだけで、相手に対する失望や怒り、悲しみが減少し、波動が改善され、関係も良い方向にいきます。

法則37

求めないと与えられる

5

パートナーのありのままに、ただ感謝して

すでにある幸せに気づくこと

この本も最後になりましたが、最後にお伝えしたいのは、**最高のパートナーと幸せに生きていくのは、あなた次第で可能だ**、ということです。

そのパートナーが生涯ひとりだとは限りません。時がうつれば変わる、ということもももちろんありえます。

しかし、**あなたが大好きな人といい関係を築き、そして、自分の持っている幸せを何倍にもして生きていく、そんな世界は本当にあります。**

自分以外の何かを変えようとするのではなく、パートナーがしてくれたこと、すで

にあるパートナーのありのままの性質、その中から、感謝できることを見つけていくだけで大丈夫です。

感謝はあなたがこの世で発することのできる、最高の波動です。感謝の出し惜しみをしない限り、あなたは幸せを引き寄せ続けるでしょう。

「なんとかなるさ」で必ず良い結果がやってくる

そして、恋愛で悩んでいるみなさんに一番伝えたいことは、「あなたは大丈夫」ということです。

あなたの本音通りにできる限り生きてみ

てください。やりたいことをやる、好きなものは好き、嫌いなものは嫌い、と。

そして、頭で考えすぎるのではなく、「ただなんとなくこう感じる」「理由はないけど、とにかく好き！」など、あなたの感覚を大事にしながら生きてみてください。

あなたの本音は、あなた自身の魂からのメッセージです。その魂のメッセージにしたがって生きていけば、本当にすべてうまくいくのです。

現時点でうまくいっていないと感じることは、「なんとかなるさ」と放っておくことで、今の生活に楽しさや喜びの割合がどんどん増えていきます。

放っておけば、新しい縁がきたり、今の人との縁がより良くなったりするのです。

宇宙を信じる、そしてありのままのあなたの声にしたがって生きれば、必ず良い結果が待っています。

法則38

あなたは、絶対に最高のパートナーと幸せに生きていける

ONENESS

おわりに

本書に素晴らしいパートナーシップを築く方法をすべてつめ込みましたが、もちろん、私自身、これらが完璧にできているわけではありません。

人間と人間の関係ですもの。難しいこともちろんありますよね。

私だって、もちろん迷いますし、いいところを見ようとしても見えないときもあります。

完璧にできる必要はないので、できないときは、本書の内容を少し思い出すだけでも大丈夫です。

必ず、あなたはあなた次第で「愛があふれる最高のパートナーシップ」を築くことができるのです。

「自分が愛を発する状態であれば、必ず愛を引き寄せていく」ということは、実体験からも確信を持ってお伝えしたいと思います。

本当に、本当に、大丈夫です！

人と人は、そもそも愛し合うようにできているんですから。


本書の執筆にあたり、自らも恋愛に喜んだり、苦しんだりした経験から引き寄せに興味を持ち、そして引き寄せの実践者の目線で素晴らしいサポートをいただいた、すばる舎のHさんに感謝申し上げます。

また、いつもブログや著書を読んでくださっているすべての読者様に感謝いたします。

本書によって、ひとりでも多くの方が、素晴らしいパートナーシップを手に入れ、喜びを何倍にもして生きてくださったら、こんなに嬉しいことはありません。

2015年9月　奥平　亜美衣

〈著者紹介〉

奥平亜美衣（おくだいら・あみい）

◇－1977年、兵庫県生まれ。お茶の水女子大学卒。
大学卒業後、イギリス・ロンドンに約半年、インドネシア・バリに約4年滞在後、日本へ帰国。ごくごく普通の会社員兼主婦生活を送っていたが、2010年『アミ小さな宇宙人』（徳間書店）に出会ったことで、スピリチュアルの世界に足を踏み入れる。その後、2012年『サラとソロモン』（ナチュラルスピリット）と出会い、「引き寄せの法則」を知る。

本の内容にしたがって、「いい気分を選択する」という引き寄せを実践すると、現実が激変。その経験を伝えるべくブログを立ち上げたところ、わかりやすい引き寄せブログとして評判になり、ついには本の出版という夢を叶えることに。

現在は会社員生活に終止符をうち、執筆業、講演を中心に活躍中。

出した本すべてがベストセラーになり、累計発行部数は21万部を突破している（2015年9月現在）。

◇－著書に『「引き寄せ」の教科書』（アルマット）、『「引き寄せスパイラル」の法則』（大和出版）、『あなたが本当に《幸せ》になる方法』（ヒカルランド）他多数。

ブログ「人生は思い通り」 http://ameblo.jp/everything-is-all-right/

宇宙から突然、最高のパートナーが放り込まれる法則

2015年10月21日　第1刷発行
2015年10月27日　第2刷発行

著　者――奥平亜美衣

発行者――徳留慶太郎

発行所――株式会社すばる舎

東京都豊島区東池袋3-9-7 東池袋織本ビル　〒170-0013
TEL　03-3981-8651（代表）　03-3981-0767（営業部）
振替　00140-7-116563
http://www.subarusya.jp/

印　刷――図書印刷株式会社

落丁・乱丁本はお取り替えいたします

ISBN978-4-7991-0448-4